新　潮　文　庫

自家製　文章読本

井上ひさし著

新　潮　社　版

3736

目次

自家製　文章読本

滑稽《こっけい》な冒険へ旅立つ前に

『文章読本』を編むことは、いまやほとんど不可能事に近い。……冒頭にこう掲げると、たちまち「奇を衒《てら》うな」という叱声《しっせい》を浴びることになるにちがいない。たしかにわたしは奇を好む質《たち》だが、この悲鳴は本心から発せられている。『文章読本』を試みることは、真実、滑稽な冒険なのだ。理由は大小二つあって、一つは個人的な事情による。すなわち浅学非才《ひさい》の筆者には、その実力と資格に欠けるのである。たいした実績もなく、また蓄えもないのに、かかる大冒険をうかうかと引き受けた浅はかさが、われながら空怖《そらおそろ》しく、そのせいで震えている。

『文章読本』を試みるのは滑稽な冒険になるだろうという予測を支える第二の理由、こちらの方が重要なのだが、それは近ごろの文学の形勢にある。もっと正確には、文学を取り巻く世間の在り方にある。だが、急いではならない。その前に諸家の説に耳を傾けてみよう。

話し言葉と書き言葉の無邪気な混同。大文豪にしてはどうかと思われる、陳腐この上なく、かつ判《わか》ったようで判らない比喩《ひゆ》など、谷崎潤一郎《たにざきじゅんいちろう》の文章読本の瑕《きず》を数えればきりがない。谷崎読本には食物や酒についての比喩がすこぶる多いが、それはそれとしてそれらの瑕が読み進むにつれてやがて笑窪《えくぼ》にかわってしまうのは不思議である。これこそ文章の力というものだろうか。そして結句の、≪此《こ》の読本は始めから終りまで、殆《ほとん》ど含蓄の一事を説いてゐるのだと申してもよいのであります。≫（「含蓄について」）に至って狐《きつね》につままれたような気分になってしまう。むろんその気分は悪いものではなく、いってみれば読者は、文章術の要諦は授けられなかったかわりに、別の上等な読物、たとえば『食通読本』のようなものを贈られたのであるが、この谷崎読本からは、

　文章に対する感覚を研《みが》くのには、昔の寺子屋式の教授法が最も適してゐる（略）。講釈をせずに、繰り返し〱音読せしめる、（略）古来の名文と云はれるものを、出来るだけ多く、さうして繰り返し読むことです。（略）さうするうちには次第に感覚が研かれて来て、名文の味《あぢは》ひが会得《ゑとく》されるやうになり、それと同時に、意味の不明であつた個所も、夜がほの〲と明けるやうに釈然として来る。即《すなは》ち感覚に導かれて、文章道の奥義に悟入するのであります。　（「感覚を研くこと」）

という個所を引かせていただこう。のちに展開する理屈の、この引用は手がかりのひとつになるはずである。紙幅の都合で川端康成《かわばたやすなり》を飛び三島に至ってその文章読本の要旨をまとめ

れば、「気品と格調こそ文章の最後の理想である。そしてその気品と格調は古典的教養によって培《つちか》われる」となるだろう。三島読本で愉快なのは、創作では抑えられていたこの小説家の茶目ッ気が大いに発揮されている巻末附録の「質疑応答」である。たとえば「小説第一の美人は誰《だれ》ですか」という問いに、

「文章における小説第一の美人とは、もしあなたが小説を書いて『彼女は古今東西の小説のなかに現れた女性のなかで第一の美人であった』と書けば、それが第一の美人になるのです。言語のこの抽象的性質が、小説中の美人の本質を規定する。歴史が史上最高の美女というときはなんらかの裏付けがなければならないが、小説はそれ自体で成り立っている小宇宙だからなんの裏付けもいらない。小説第一の美女はいつでも任意の場所に出現する。劇や映画では女優という具体物が出るから、やはり小説のようにはゆかない」

と答えている。この答は正しい上に、機智にも富んでいる。あとの理屈のために三島読本から次の一節を引用させていただく。

漢文の文章の影響からくる極度に圧縮された、極度に簡潔な表現、あるひはまた俳句の伝統からくる尖鋭《せんえい》な情緒の裁断、かういふ伝統がやはり現代文学のなかにも生きてゐて、われわれの美しい文章といふもののなかには、いかにも現代的に見えながら、なほ漢語的簡潔さや、俳句的な密度をもつたものが少くありません。結局、文章を味はふと

いふことは、長い言葉の伝統を味はふといふことになるのであります。さうして文章のあらゆる現代的な未来的な相貌《そうぼう》のなかにも、言葉の深い由緒《ゆいしよ》を探すことになるのであります。それによつて文章を味はふことは、われわれの歴史を認識することになるのであります。

（「文章のさまざま」）

中村真一郎の文章読本には卓見がちりばめられている。なかでも、鷗外《おうがい》の、漱石《そうせき》の、そして露伴《ろはん》のあの文体がどのようにして成ったかを、「文章の土台、苗床」という鍵言葉を駆使して大胆かつ細心に追跡してゆく件《くだり》は圧巻である。中村読本の前半の主題は、「近代口語文の完成は、考える文章と感じる文章との統一である。したがってその完成の有資格者は学者であると同時に作家でもある人が適当であった。そしてその実例が鷗外漱石露伴であった」というところにある。そこでこれら三大家が、どの部分で伝統とつながろうとし、どの部分で古典への連想を断ち切ろうとしたかが明らかにされているが、のちのわたしの理屈に引きつけていえば、たとえば自然主義文学者の如《ごと》く、伝統や古典へいかにはげしい拒絶の態度をとろうと、それでもやはり、いや、それだからこそかえって、いっそう強く伝統や古典を意識していたといってよい。仮想敵国への拒絶の姿勢は、その実、当該国への関心によって支えられているのである。

丸谷《まるや》才一《さいいち》の文章読本は掛け値なしの名人芸だ。たとえば文体論とレトリック論を、大岡昇平の『野火』一作にしぼって展開してゆく第九章などは、おそろしいほどの力業である。なによりも文章が立派で、中村読本に凭《もた》れかかっていえば、考える文章と感じる文章との美事な統一がここにはある。奇体なことに、丸谷読本以外の文章読本の文章は、それぞれ書き手のものとしては上等とは言い難《がた》い。金のために書かれた、あるいは啓蒙《けいもう》読物として書かれたなどの、執筆時の事情もあるだろうが、日頃《ひごろ》の文章より数段落ちるという印象がある。ところが丸谷読本はこの奇妙なならわしを打ち破ったのである。とくにその上質の諧謔《かいぎゃく》はわたしたちをうっとりとさせる。

しかし文章上達の秘訣はただ一つしかない。あるいは、そのただ一つが要諦であつて、他はことごとく枝葉末節にすぎない。当然わたしはまづ肝心の一事について論じようとする。

とものものしく構へたあとで、秘訣とは何のことはない名文を読むことだと言へば、人は拍子抜けして、馬鹿にするなとつぶやくかもしれない。そんな迂遠な話では困ると嘆く向きもあらう。だがわたしは大まじめだし、迂遠であらうとなからうと、とにかくこれしか道はないのである。観念するしかない。作文の極意はただ名文に接し名文に親しむこと、それに盡きる。（略）われわれは常に文章を伝統によつて学ぶからである。人は好んで才能を云々したがるけれど、個人の才能とは実のところ伝統を学ぶ学び方の才能にほかならない。

（「第二章 名文を読め」）

これまでの引用個所を、諸家の真意を踏みにじるという暴挙をあえておかしながら、我流にまとめると、次のようになるだろうか。

ヒトが言語を獲得した瞬間にはじまり、過去から現在を経て未来へと繫《つな》って行く途方もなく長い連鎖こそ伝統であり、わたしたちはそのうちの一環である。ひとつひとつの言葉の由緒をたずねて吟味し、名文をよく読み、それらの言葉の絶妙な組合せ法や美しい音の響き具合を会得し、その上でなんとかましな文章を綴《つづ》ろうと努力するとき、わたしたちは奇蹟《きせき》をおこすことができるかもしれない。その奇蹟こそは新たな名文である。新たな名文は古典のなかに迎えられ、次代へと引きつがれてゆくだろう。すなわち、いま、よい文章を綴る作業は、過去と未来をしっかりと結び合わせる仕事にほかならない。もっといえば文章を綴ることで、わたしたちは歴史に参加するのである、と。

たしかにヒトは言葉を書きつけることで、この宇宙での最大の王「時間」と対抗してきた。芭蕉《ばしょう》は五十年で時間に殺されたが、しかしたとえば、周囲がやかましいほど静けさはいやますという一瞬の心象を十七音にまとめ、それを書きとめることで、時間に一矢《いっし》むくいた。閑《しずか》さや岩にしみ入蟬《いるせみ》の声はまだ生きている。時間は今のところ芭蕉を抹殺《まっさつ》できないでいるのだ。芭蕉はほんの一例であって、文学史は、というよりこれまでにヒトが書き記したものすべて、すなわちヒトの記憶一切はみな同じ構造をもっていると思われる。書庫から鷗外漱石露伴を取り出し彼等の文章にふれるとき、わたしたちはこの三大家が文章に姿をかえてちゃんと生きていることを確認する。その瞬間に時間は折り畳まれ、ヒトの膝下にひざまずくのである。せいぜい生きても七、八十年の、ちっぽけな生物ヒトが永遠でありたいと祈願して創《つく》り出したものが、言語であり、その言語を整理して書きのこした文章であった。わたしたちの読書行為の底には「過去とつながりたい」という願いがある。そして文章を綴ろうとするときには「未来へつながりたい」という想《おも》いがあるのである。

だが、奇怪なことが起りはじめているのもたしかである。かなわぬまでも時間と対抗しようという、いかにも人間らしい気組みが世の中から急速に失われて行きつつあるらしい。時間とたたかう前に、やすやすと屈服して、暴君「時間」のなすがままにまかせているようなところがある。たとえばテレビは、わたしが放送台本作者だったころ、ということは十数年ばかり前から、一回性というものを重んじはじめた。ハプニングと恰好《かっこう》よく命名されたその手法は、〈視聴率はどかんと稼《かせ》ぐが、放映そのものは一回こっきり、二度とは放映しない。それがテレビというものだ〉という思想で支えられている。書物に引きつけていえば〈再読に耐える名作や名文なんていらないよ。読み捨てられ、忘れ去られてかまわない〉というわけだ。一瞬大いに当って、ある時間すぎれば消えて失《な》くなってしまった方がいいのである。時間を超えたい、いいものを作りたいなどというと「小狡《こずる》いエリート趣味」「嘘《うそ》っぽい」「根《ネ》暗《クラ》、やーね」と一笑に付されてしまう。というと人はテレビと小説とを混同していると腹を立てるかもしれない。しかしそうではないので、これらの風潮の底の底には、大量生産→大宣伝→大量購買→大量破棄という、この時代の枠組《わくぐみ》がある。再読、三読に耐えるものなどあっては、あとに控えている小説が捌《さば》けないから、かえって困るのだ。こうした時代での悲劇は、年に数冊あらわれる名作＝古典候補作が「ベストセラーのうちの一冊」と安直にレッテルを貼《は》られ、数カ月店頭を賑《にぎ》わせて、それからひっそりと消えてしまうことである。こんな時代でなければ、たとえ細々とであっても長々と売れることであろうに。

　言葉も同様の扱いを受けており、その由緒をたどり吟味するどころではなく、一回こっきりの使い捨てだ。なにしろ婦人雑誌が「冬のお股のお手入れは……」などと書くぐらいである。「お肌のお手入れ」を誤記したのだ。親しくしている中学教師は、この二学期の漢字書取りの試験に、「処女公開」(航海)、「粗国」(祖)、「巣まい」(住まい)と書いた生徒がいたと教えてくれた。「おまえは洒落《しゃれ》でこんなことを書いたのか」と問うとその生徒は「とんでもない」と答えたそうだ。洒落でなかったとしたら、わたしたちはすでに漢字の伝統とも切れかかっているのかもしれない。こういった事情をもっとも雄弁に物語っているのは、近ごろのパロディブームとか称するものだろう。パロディが成立するには必ず原作＝伝統がなければならぬ。ところが今のパロディの原作は殆どが、標語とコマーシャルである。すなわち時間をさかのぼることはせずに、同時代のものをなぞり、もじっているだけなのだ。ここでも過去と切れている。したがって未来などあるはずはない。一回性を超えるために発明された人類の全遺産が、一回性がいいのだとする刹那《せつな》的な場当り主義によって危機に瀕《ひん》しているのである。

下駄《げた》は、その一足一足を丁寧に眺《なが》めれば、いろいろさまざまである。どの下駄も、ほかの下駄とは大なり小なりちがっている。しかしわたしたちは〈木をくりぬいて歯を作りつけ、花緒《はなお》をすげたはきもの〉を下駄と呼ぶ。たとえそれが摺《す》り減っていても、また割れていても、あるいは花緒が切れていても、とにかく下駄のありとあらゆる在り方にたいして、わたしたちは下駄という同じ名をあてはめる。京の五条の橋の上で牛若と弁慶がはいていたのも下駄なら、「たけくらべ」の藤本信如《しんにょ》が雨の中で、近くで美登利《みどり》が見ているとも知らずに一所懸命に花緒をすげていたのも下駄である。わたしの下駄箱の中にあるのも、もちろん下駄である。こうしてみると、言語そのものが「永遠を目ざす継続」という考えを内に含んでいることがよくわかる。このことは、わが子の名前をつけようとしている両親の気持になればすぐにも理解できるだろう。どの親たちも「この子に幸せよ、永遠に」と祈りながら命名するのである。つまり言語というものは、地球や人間やモノがほとんど永久に存在するという条件があってはじめて、うまくはたらくのである。ところが現代は言語にとってはまことに不幸な時代で、たとえば名古屋大学教授の豊田利幸（物理学）は次のように警告している。

新春早々、不吉な予感を語ることは適当でないかもしれない。しかし、これは火山の噴火とか、大地震のような自然現象の兆候についてではない。人間が自分でつくった核兵器によって、人類全体を破滅させる準備を精力的に進めてきた結果、人類最後の運命の時刻が寸前に迫っている。これは誇張ではない。

さる十二月二十二日、科学者の国際的な雑誌「ビュレティン・オブ・ジ・アトミック・サイエンティスツ」は、この一月号で「審判の日の時計」の針を、真夜中三分前に進め、異例の黒地の表紙に白抜きで「今こそ人類は、何ごとかをなさねばならぬ。残された時間は三分しかない」と印刷し、これを東京、ワシントン、ストックホルム、ロンドンで同時発表した。

現在、米ソはいずれかがその気になれば、相手の国の政治中枢部《ちゅうすうぶ》、すなわち、ワシントンあるいはモスクワを、数分で確実に破壊できる核攻撃能力を持っている。両国の核基地は世界いたるところにあるが、一旦《いったん》、国家の最高責任者が所在する場所が核攻撃を受ければ、喧伝《けんでん》されてきた核報復力の機能は麻痺《まひ》し、指導系統は大混乱に陥り、世界核戦争の地獄絵図が出現することは必至である。

このような事態は早くから予想されていたが、ワシントン沖約千キロメートルまでソ連のミサイル発射原子力潜水艦が近づき、モスクワから千五百キロメートルたらずの西独にアメリカのパーシングⅡが配備されることになって米ソの当局者は、あらためて深刻な対応を迫られるに至った。

ところが、両国は依然として「力への愚かな信仰」を捨てきれず、かえって話し合いの努力を放棄し、お互いに相手を非難する宣伝合戦に躍起である。前記「ビュレティン」一月号の巻頭言にいうように「まさに慄然《りつぜん》たる状景といわねばならない。ソ連が韓国旅客機を撃墜したさいの過敏な自己反射的残忍さ、カリブ海で合衆国政府が見せた、軍事介入への軽率な欲望、それらは、破滅への先触れとして、私たちの目の前にある。これを思うと私たちの心は凍る」。

核時代における「力による平和」とは、相手に壊滅的打撃を与えうる核攻撃能力を誇示することによって、相手をおそれおののかさせることである。これまでの歴史が示すように、核兵器体系の開発をたえず促進する。すでに核戦略体制の作動部分のほとんどが、極めて短時間の操作を可能にするため、無人のコンピューター・システムに委《ゆだ》ねられている。多くの人と時間をかけて、人類終末にいたる尨大《ぼうだい》なプログラムが、非情な機械言語を使って、作り上げられている。人間の理性的判断が挿入《そうにゅう》されうる余地は極端なまでに狭《せば》められている。

このような状況のなかで、多くの人々の考え方は、二つの極端な場合にわかれている。その一つは、核の恐怖によってこそ、現代の平和は保たれる、とする核抑止の考え方である。この教義の信奉者は、ヒロシマ・ナガサキの後、核戦争が実際に起こっていない事実は、核抑止の教義が有効であったことを実証している、と主張する。しかし、核戦争が実際に起こってみなければ、核抑止論の破綻《はたん》は実証されない、とは一体どういうことなのか。余りにもナイーヴな楽観論といわなくてはならない。

他の一つは、文化の先進国と自認する国々、なかでも世界の責任ある指導者をもって任ずる米ソ両国が、貴重な資源と人材を湯水のように浪費して、殺戮《さつりく》と破壊の手段の開発にうつつをぬかしている現状に対する絶望的な悲観論である。かくも愚かで邪悪な人類が、果たして存続する意味があるのか、どうせ共滅するのなら刹那《せつな》の享楽《きょうらく》に身を委《まか》せた方がましだ、と思っている若者の数は決して少なくはない。

両極端と思われるこれら二つの考え方は、現在の状況に対し、何も働きかけないという点で奇妙に一致している。前記巻頭言の文章を借りれば、「両超大国の最近の振舞が人々の間に誘発しようとしているのは、まさしく希望喪失の感覚である」。

では、私たちは、とくに日本人である私たちは、今、何をすればよいか、そして何ができるか。

小文の冒頭で述べたように、核戦争は天災ではない。人間が、しかも特定の人間集団が用意し、惹《ひ》き起こすものである。直截《ちょくせつ》にいえば、現在の恐るべき核危機を醸成しているのは、米ソの政策決定者たちである。彼らはこれまで曲がりなりにも続けてきた軍備管理の話し合いすら、昨年十一月末から無期限で中止してしまった。雑誌「ビュレティン」の「時計」の針が進められたのは、このような話し合いの中止が実力行使につながることを深く憂慮するからである。この場合の実力行使は、いうまでもなく核戦争の勃《ぼっ》発《ぱつ》を意味する。

それゆえ、私たちが今しなければならないのは、米ソに核問題についての話し合いを即刻、再開させる国際的世論を高めることである。ヒロシマ・ナガサキの原体験をもつ私たち日本人はそのような世論作りに先導的な役割を果たすことができる筈《はず》である。かりそめにも、一方に加担し、他方を非難する声に同調、ないし、そのお先棒を担《かつ》ぐようなことをしてはならない。

私たちには、「言葉と理性的な議論、科学と歴史の教訓」という貴重な文化資産がある。

（昭和五十九年一月十一日毎日夕刊「『三分前』の希望」）

人類滅亡までひょっとすると三分間しかない……。こんな状況のもとでは、永遠を目ざす継続性が本質である言語を、「フン嘘っぽいネ」と言ってしりぞける若い人たちが大勢いてもべつになんのふしぎもあるまい。この時代では、過去と未来とを結びつけようという試みのひとつである『文章読本』を編むなどは、どうしたって滑稽な冒険にならざるを得ないのである。

ことばの列

一

この文章読本に、読者諸賢が文体論など期待なさっていないのは承知しているけれども、文章読本に文章・文体の項はなくてかなわぬもの、一度は通らねばならぬ関所である。そこでねじり鉢巻《はちま》きで調べあげると、たとえば文体とは次のようなものだそうである。

《文章の表現のありかたである。》
《表現の効果が大であるように、言語的特徴を作家が選択して、これを巧みに組成したもの。》
《文体は思想を修飾する。》
《文体は個性の表現である。》
《ある文章表現が全体的に見てなんらかの味わいなり、統一的な美質なりをそなえているとき、それを文体という。「作風」や「様式」と同じ。》
《言語は表現し、文体は強調する。》

《文体とは伝達事項を通じやすくするための飾り付けだ。》
《文体とは継続性である。》
最後の定義は、小説を書くことのつらさをことさら誇張したことで有名なフロベールのものだが、この定義集をいくら睨《にら》みつけていてもすこしも霧は晴れない。いや、かえってその濃さはますばかりだ。困ったときの神だのみ、丸谷読本を開いてみよう。

　文体といふ言葉にみんながいろんな意味を勝手に付与したため収拾がつかなくなつたといふ事情は、今日、誰でも知つてゐる。一つにはその混乱を整理するために敢へて言ふのだが、この言葉の中心にあるものは文章を書くに当つての気取り方である。つまりわたしが前に言つた、ちよつと気取つて書くといふこと、あるいは、気取らないふりをして気取るといふこと、それこそは文体の核心にほかならない。

（「第九章　文体とレトリック」）

数百の文体論の理論書をわずか数行の実戦心得に凝縮するという離れ業が、ここでは演じられているが、そういえば古典主義時代（十七、八世紀のヨーロッパ文学、とくにフランス文学）の定義に、
《文体とは、何か知らぬ、よくわからぬものである。》

というのがあった。研究者や学者たちの努力にもかかわらず、いや、むしろ努力しすぎの百家争鳴が原因か、この二、三百年、文体の秘密はついに解かれることなく放り出されたままになっているわけだ。とりわけわが国ではその百家争鳴にひとつもふたつも辶《しんにゅう》がかかっているといわれる。漢字という表意文字と仮名という表音文字の併用が議論をいっそう複雑にしているというのである。たとえば三島読本はいう。

> 先ごろある外人のパーティに私は行つて、一人の小説家にかう尋ねたことがあります。あなた方は小説を書くときに、印刷効果の視覚的な効果といふものを考へたことがありますか。彼ははつきり答へて、絶対にないと申しました。（略）象形文字を持たない国民である彼らは、文章の視覚的効果をまつたく考慮しないで綴ることができるのであります。
>
> （「第二章　文章のさまざま」）

不運な三島由紀夫。彼は、どうやら才能に乏しく言葉についてあまり考えたことのない小説家に質問を呈してしまったらしい。どのような言語を使っているものであれ、とにかくまともな小説家なら、かならず文章の視覚的効果というものを考えているにちがいないからである。

バロック時代から流行したという宗教用語の頭を大文字で書くならわし。また固有名詞の冒頭を大文字にする慣行。それぞれ名詞こそ世界の本質であるとする考えを視覚に移しかえたものである。強調のための、語のイタリック体やゴチック体への切換え。一語ごとにある一字分の空白、つまり分かち書き。これらが視覚に影響を及ぼさぬわけがない。いまでも、上品なスペイン語の文章では一頁《ページ》のなかに同じ単語が二度あらわれてはならないとされているし、欧米の文筆業者や印刷工は座右からワード・ディバイダーを手離そうとしない。これは校正刷に朱を入れるときの安直《あんちょく》で、頁の右外へはみだしかけた、たとえば disorderliness（無法）とか disorganization（混乱）とか hyperstereoroentgenography（遠隔立体X線撮影法。間隔をおいて放射線を放射して行う撮影法）とかいった長い語を、どことどことどこで切ってよいか記した手引きであるが、この一冊を助手にして彼等はどこで語を二つに切るかを思案する。このとき彼等が視覚的効果を考えていないとだれが言い切れるだろうか。フランスの哲学者アランにもっと明確な証言がある。

そしてすでに創《つく》られたもの（散文のこと）も、活字にしてみなければよく判断できぬ人が多いことをいっておこう。散文の大建築家バルザックは、この印刷屋泣かせの方法によって有名である（校正刷に異常に手を加えて作品を整える癖。井上註）。そしてこのことはまた原理にかなっている。散文の目的は印刷されることにあるのだから。

（『芸術論集・第十巻　散文について』桑原武夫訳）

バルザックは字面《じづら》の肌《はだ》ざわりを大いに気にした小説家であった。彼の念頭には、文章の視覚的効果をすこしでも高めようという望みがいつもあった。そういうわけで、表意文字を持たないから文章の視覚的効果なぞ考慮するはずがないという三島読本の発言は、すこし粗雑すぎるといわざるを得ない。

ところでアランの『芸術論集』を引用したのには理由がある。訳者の桑原武夫によれば、昭和十六年に岩波書店から出たこの訳本を、志賀直哉《しがなおや》が「鉛筆で印をつけて」愛読し、「瀧井孝作さんにはきっと志賀さんが勧めたんですよ。志賀さんが最後に考えながら読んだ本」(中央公論社版『世界の名著』の月報での河盛好蔵《かわもりよしぞう》との対談より)だという。その四年前の昭和十二年に十六年がかりで『暗夜行路』を完成させ、もうこの世に望むところのなかった志賀直哉の心を、アランの『芸術論集』のどこがそのように烈《はげ》しくゆさぶったのか。たとえば次のような個所ではなかったか。

詩は時間の法則に従う。だからそれは読まれるよりも、むしろ聞かれねばならない。詩においては、諧調《かいちょう》(nombre)があらかじめ空虚な形式を決定し、語がそこへ来て位置を占める。語と律動との間の応和・不応和、そして究極における応和が諧調を確保して、注意力をそこへひきつける。後戻《あともど》りのない動きが、聞く者を詩人もろともに運び去るのだ。真の散文はまったくこれに反し、眼で読まれなければならない。そして諧調から解放されるのみでなく、諧調を排除する。この点において、散文は同時に詩と雄弁とに対立する。これらの原理は秘められたものである。何かというと演説口調に戻りたがる作家が多いが、それはまだ散文というものが若く、十分純粋になり切っていないからである。（略）だから詩と雄弁はむしろ音楽に類し、散文はむしろ問われねば語らぬ建築・彫刻、絵画に類するものである。

そのほかにもアランは、散文家は個々の語に頼ってはならぬこと、散文家が自分の好きな語を持ち、それを何度も繰り返し使ったりしては文体《スティル》が平板になってしまうこと、またひとたび印刷されてしまえば、そんな語は出来合いのつまらぬ飾りですぐにも剝《は》げてしまうこと、厳密には有名な町の名や歴史上の人物名なども目立つから避けるべきであることなどを説き、「すぐれた作家は決して個々の語に頼らない」「語の真の力は、その占める位置と他の語との結合から生じる」「すぐれた作家は、普通語を結び合せ、その集まりによって偉大な効果をあげるのだ」とくどいほど念を押している。つまり散文はあくまでも散文としてとどまらねばならない、だからたとえば調子のよい、諧調のある文章を書くなぞは、素朴《そぼく》で幼稚で卑《いや》しいやり方だ、という。アランが漱石《そうせき》の文体の変化を知ったらきっとよろこんだにちがいない。アランによれば、「吾輩《わがはい》は猫《ねこ》である。名前はまだ無い」とか、「親譲りの無鉄砲で小供の時から損ばかりして居る」とか、「山路《やまみち》を登りながら、かう考へた。智に働けば角が立つ。情に棹《さを》させば流される。意地を通せば窮屈だ。兎《と》角《かく》に人の世は住みにくい」とかいった文体は、諧調をもち、演説口調で、だから真の散文ではないのである。だが漱石の後期の文体からはこの演説口調が姿を消している。そこでアランがよろこぶ。

またアランは禅宗に「以心伝心」「不立文字《ふりゆうもんじ》」などの語句があると知ったらもっとよろこんだかもしれない。ことばを超えたところにまことがある。だからことばよ調子づくな、という考えは、アランとはそう遠くない。世阿弥《ぜあみ》の「我が心を我にも隠す」(『花鏡』)工夫もアランのお気に召すのではないか。ことばよりも心の工夫が大事とは、アランが言ってもふしぎではないからである。さらに子規たちの達意平明を旨《むね》とする写生文運動もアランを狂喜させただろう。

ここまでをひっくるめていえば、日本人の行ってきた文体の規範を求めるひそかな運動を志賀直哉が一つの形にまとめたのであるが、その形をよしとする意外な援軍がヨーロッパから駆けつけてきた。志賀直哉はだから鉛筆で印をつけながら熱心に読んだのである。ことばを削って彫琢《ちようたく》すること、そして達意平明、それに加えて漢文脈の簡潔さ。これらが口語文による小説文体の規範ではないかと見当がつきかけていたとき、それを是とするお墨付がフランスから届けられたのである。門下の小説家に「これを読め」とすすめた志賀直哉の気持はよくわかる。

ところで筆者の世代にとってはアランは「遅れてきた哲学者」である。昭和十六年といえば国民学校一年生、アランに歯が立つわけはない。筆者がアランと出会ったのは昭和三十年代のはじめだった。そのかわり筆者たちは、高校時代に学校図書館で時枝誠記《ときえだもとき》（一九〇〇〜一九六七）と出会っている。「国語研究」という薄い雑誌（もっともその頃《ころ》は厚い雑誌なぞなかったが）に『文章論の一課題』と題した文章が載っていて、これが講演速記録でくだけていてわかりやすく、やはり鉛筆で印をつけながら夢中で読んだ。これはそれまで盛んだったセンテンス・メソッド（まず、文の全体を直観し、直観を基に一語一句を探求し、そうして再び全体を捉《とら》え直すというテクストの読み方）にたいする批判で、時枝はこのセンテンス・メソッドは、文章鑑賞を絵画や彫刻の鑑賞と同じように考えているからいけないという。絵画や彫刻は見れば全体を摑《つか》むことができ、直観も可能だが、言語芸術の場合はそうはいかない。なぜならば、

言語表現あるいは言語芸術というものは、これは時間的に展開していくものである。言葉をかえて申しますと、一目で全体を見渡すということはできないものなんで、つまり時間の一刻、一刻にそれが展開していく、そういう性質を持っており、これと類似しているものは音楽である。音楽は時間の上に変化していく、時間の上に流れていく芸術である。表現である。言語も同じように時間の上に流れていく。私が今こうやってお話

している私の思想を、私の話を一目でずっと捉えるということは、これは不可能なことなのであります。

論の立て方が根本からちがうから、時枝とアランを比較してもほとんど無意味であるが、散文は問われねば語らぬ建築・彫刻・絵画に似ているというアラン説に、時枝説が正面からぶつかっているように見えるのはおもしろい。なにしろ時枝は、言語芸術は建築・彫刻・絵画に似てはいない、空間的なものではなく音楽と同じように時間的なものだと主張しているのである。ではどちらがより妥当か。文体というものの正体を知る鍵《かぎ》は案外このあたりに転っているかもしれない。筆者はことばの本質は線列性にあると思うので、時枝説に軍配をあげたい。漱石の山水画は一瞬のうちにこちらの脳裡《のうり》に焼けつくが、『坊っちゃん』を一冊目の前において、それだけで「よかった」というわけにはいかない。われわれは「親譲りの無鉄砲で小供の時から損ばかりして居る」ではじまり、「だから清の墓は小《こ》日向《びなた》の養源寺にある」で終る、長いことばの線列を辿《たど》りおえないうちは、なにひとつ発語できないからである。

さて、志賀直哉の、彫琢、簡潔、達意、平明な文体を賞賛する声は数え切れない。そのうちのひとつに、「名文とは作者の名が浮かばない文章のことだ」という川端康成の、『城《き》の崎《さき》にて』についての評言がある。また谷崎潤一郎は「(『城の崎にて』の文章は) 簡にして要を得てゐるのですから、此《こ》のくらゐ実用的な文章はありません」「小説に使ふ文章で、他の所謂《いはゆる》実用に役立たない文章はなく、実用に使ふ文章で、小説に役立たないものはない……」（『文章読本』）といっている。これらはむろん簡潔さや平明さへの賛辞であって、谷崎川端両大家の文体に対する考えの全体ではなく、その一部であるにすぎないが、この論法では、

元コミックバンド「ダイナブラザーズ」のリーダー鹿島密夫（本名・満男（五二））。東京・品川区西五反田三の二の八、大河ビル六〇二）が十三日、内妻とデパートで万引きしてつかまり、大崎署に突き出された。同署は鹿島と内妻、風巻美智子（三八）の二人を近く書類送検する。

調べによると、二人は十三日午後一時ごろ、東急デパート五反田店七階の文房具売り場で、子供用の筆箱二つ（2880円相当）を万引きしたのをはじめ、鹿島が「これ、いいなあ」と取り上げた品物を風巻が万引きする手口で、紳士用ズボン、女児用スカートなど計二十三点、二万五千六百三十円相当の盗みをした。

警戒中の女性警備員につかまり、同署に突き出された鹿島は「最近仕事が減り金に困っていた。悪いとは知りながら、つい内妻に引きずられてしまった」と供述している。

鹿島は昭和二十二年「川田晴久とダイナブラザーズ」を結成し、〽地球の上に朝が来る、の歌で知られたが、「鹿島密夫とダイナブラザーズ」でデビュー。三十二年独立して最近はギターの流しをしていた。四十六年、歌手の扇ひろ子と結婚、四十九年に離婚し

ている。
（「報知新聞」昭和五十六年二月十六日）

やる気次第で社長になれる。東証上場目前。企業拡大。食品家電の綜合商社タイヨー
（「日刊アルバイトニュース」二月六日）

バンケット・コンパニオン（一流ホテルにおけるパーティの接待役）募集。短大卒以上。年齢25歳迄。但し和服（正絹附下げ）又はロングドレスを準備できる方……。東京バンケット・プロデュース
（「とらばーゆ」二月十三日号）

など、すべて名文ということになる。いずれも達意平明、そして簡潔そのものではないか。文章の用途を混同しているというお叱《しか》りを蒙《こうむ》りそうであるが、筆者に責任はない。先にそれを犯したのは「谷崎読本」なのだ……。

二

谷崎潤一郎が、「（『城の崎にて』の文章は）簡にして要を得てゐるのですから、此《こ》のくらゐ実用的な文章はありません」「小説に使ふ文章で、他の所謂《いはゆる》実用に役立たない文章はなく、実用に使ふ文章で、小説に役立たないものはない……」（『文章読本』）と書いたとき、この隠

れた勉強家は、彼には珍しく文章の用途を混同していた。というよりも谷崎は、「文章」について語っているつもりで、じつは「形式」について云云《うんぬん》していたのである。

実用文も小説の文章もひとまず文法法則にもとづいて綴《つづ》られる。これは共通している。だが、たとえば実用文には実用文の「形式」がある。やや誇張された、紋切型の挨拶《あいさつ》を冒頭に持つ手紙文、事件の全容をまず数行に要約しておいてからはじまる報道文、消費者と広告主自身については決して批判しないというきまりを持つ広告文、これらの実用文にはそれぞれ固有の形式があり、特有の修辞法がある。が、谷崎は、これらの形式や修辞法のあまり影響のおよばない本体部分は、簡にして要を得ているべきであり、「簡」と「要」のふたつを備えている実用文はそのまま小説の文章にも使えるはずだといっているらしい。そしてまたこの逆も成り立つ、と。

「簡」にして「要」を得ないところにこそ谷崎文学の魅力があると思うのだが、じつはその書き手のほうが、達意平明、そして簡潔な文章に熱い眼差《まなざ》しを送っているわけで、軽いとまどいを覚えるのは筆者だけではあるまい。

谷崎読本の成立は、いうまでもなく戦前であるが、戦後もなお、「簡にして要を得た文章がよい」とする大風は、文壇をほとんど席捲《せっけん》した。たとえば文体論を喋々《ちょうちょう》するときどうあっても逸してならない論者のひとりである評論家寺田透《てらだとおる》は「『文体論』のためのノート」(岩波講座「文学」第八巻、昭和二十九年六月)を、こうしめくくった。

……それがスティール（文体）たることを得る際には、なんら仰々しいものを持たない、無私な、鋭利な、直截《ちよくせつ》な、素材との交りである、ということを忘れてはなるまい。証論を無際限に展開するところ、類例を列挙するところ、博識を披瀝《ひれき》するところ、対象に対する愚劣な随順をあらわすところ、文章の韻律的効果によってひとを陶酔させようという意図のあるところには、小説の場合であろうと評論の場合であろうと、スティールの成り立つ余地はないのである。（略）

今過去の日本の著名な文学者のうちから、スティールを持ったものと言える文学者を思い浮べようとして思い浮ぶのは、悟性のひと鷗外《おうがい》と、鷗外に一見意外な傾倒を示す舌鋒《ぜつぽう》のひと白鳥と、「明暗」の漱石ぐらいなものである。……

拙文をお読みくださっている読者には、右の寺田論文の要旨の八、九割がアランの文体論に拠《よ》っていることは明明白であろうが、他人の褌《ふんどし》でよくもこうあっさりと日本の小説を撫《な》で斬《ぎ》りにできたものだと、その度胸のよさには、ただ感服のほかはない。

そういえば三島読本にも鷗外への讃辞があり、この讃辞は大衆小説の書き手のひとりとして見逃し得ない。三島読本はまず「漢文的教養の上に成り立った、簡潔で清浄な」いい文章のお手本として鷗外の『寒山拾得《かんざんじつとく》』の一節を引く。

閭《りよ》は小女を呼んで、汲立《くみたて》の水を鉢《はち》に入れて来いと命じた。水が来た。僧はそれを受け取つて、胸に捧《さゝ》げて、ぢつと閭を見詰めた。清浄《しやうじやう》な水でも好《よ》ければ、不潔な水でも好《い》い、湯でも茶でも好いのである。不潔な水でなかつたのは、閭がためには勿怪《もつけ》の幸《さいはひ》であつた。暫《しばら》く見詰めてゐるうちに、閭は覚えず精神を僧の捧げてゐる水に集注した。

三島読本は右の「水が来た」という一句に大いに感心する。……この一句は漢文の「水来ル」というのと同じ手法で、ここが鷗外の文章のほんとうの味だ。文学的素人《しろうと》にはむろんのこと一般の時代物作家にもこういう文章は決して書けない。この「水が来た」というたった一句には、文章の極意がこもっているので、「もし皆さんがそこらの大衆小説をひもといて、かういふ個所を読めば多くは次のやうな文章で書かれてゐます」……。三島読本の著者はここで親切なことに「そこらの大衆小説家」になりかわって、悪いお手本をものしてみせてくれる。

閭は小女を呼んで汲みたての水を、鉢に入れてこいと命じた。しばらくたつうちに小女は、赤い胸高の帯を長い長い廊下の遠くからくつきりと目に見せて、小女らしくパタパタと足音をたてながら、目八分に捧げた鉢に汲みたての水をもつて歩いてきた。その水は小女の胸元でチラチラとゆれて、庭の緑をキラキラと反射させてゐたであらう。僧は小女へ別に関心を向けるでもなく、なにか不吉な兆《きざし》を思はせる目付きで、じつと見つめてゐたのであつた。

どうやら才人は才に溺《おぼ》れたらしい。というのは、右の文をあでやかな色彩感や貴族趣味や怪奇趣味や、または華麗な比喩《ひゆ》で飾ると、そっくりそのまま三島読本の著者の、小説の文章になってしまうからである。つまりどう書き崩そうと、また最悪劣等の大衆小説家に似せて書こうと、書き手の文章の「形式《フォーム》」はどうしたってどこかに俤《おもかげ》をとどめずにはいないのだ。三島読本の著者は、自分の「形式《フォーム》」に足を掬《すく》われてしまったのである。

文章を綴るものは、それがたとえ大衆・通俗作家であろうと自分の「形式《フォーム》」を持っている。そうでなければ短篇読物ひとつ書けやしない。だからたとえば、次のような意見はまったく成立しない。

戯曲の文体について考えよう。

ここで私たちの考察の対象となるのは、言うまでもないことだが悲劇（Tragedy）と喜劇（Comedy）とである。通俗劇（Melodrama）や笑劇（Farce）は、考察の対象としない。

通俗劇は歌や音楽で彩《いろど》られた扇情的な劇で、ストーリーの統一や性格の描写よりも感傷的な場面の繰り返しに重点がおかれる。一方、笑劇はその語源が食物を詰め込むという意味であることからもわかるように、低級な笑いの場面を詰め込んだ劇である。通俗劇では涙を誘う感傷的な場面が、また笑劇では低俗な笑いを誘う場面が繰り返し展開するが、個々の場面はひとつやふたつ脱落しても、劇全体の進展には大した支障がない。通俗劇や笑劇という劇形式では、劇全体の効果よりも個々の場面の客受けの効果が大切だからである。

（越川正三『文学と文体』昭和五十一年、創元社）

どんな作者が、どんな通俗劇や笑劇を書こうが戯曲としての文体はある。下手は下手なりに「形式《フォーム》」はある。「形式《フォーム》」がなければ、観客の眼に一粒の涙すら滲《にじ》み出させることはできないだろう。それなしでは観客の口から一回の笑声も引き出せまい。打者に対した投手が、たとえ五流のヘボ投手であろうと、右投げであれば右足を投手板にのせてから、左足を打者に向って踏み出し、それにつれて身体を開きながら右腕を振りおろし、ボールを離す。その球の遅速、球威の有無、制球力の有無によって一流、あるいは五流の差は生じるが、しかし投手であるからには、投球形式《フォーム》はあるのである。文学的素人は、小説としての文章形式《フォーム》は持っていない。ただし彼が新聞記者であれば、報道文の書き手としての文章形式《フォーム》は持っている。

その彼が作家を志す。彼はたくさんの名作傑作を読んで小説作法を学び、やがて一篇の作品を完成させる。よほどひどいものならとにかくも、新人賞の第一次予選に残るぐらいのものであれば、その作品の文章はかならず彼なりの「形式《フォーム》」で書かれているだろう。彼に「形式《フォーム》」がなければ、どうして彼は作品に、ある統一された調子を与えることができようか。問題はその先だ。彼は、自分の個性が生みだした初発の「形式《フォーム》」を鍛えてゆく。そのときひょっとしたら自分の文章を達意平明、そして簡潔にしようなどと心掛けるかもしれない。他に好みの作家があって、その作家から滋養を摂《と》ろうとするかもしれない。しかし彼の、真の「文体」は、過去、そして現在の、名だたる作家の文章を手本＝規範としているうちはやってこないのではないか。規範は、規範となったその時からすでに紋切型に堕《お》ちている。規範どおり書くことは化石化する方向へひたすら進むことだ。そんな方向に、彼の真の文体などあるはずもない。

　彼が真の文体を獲得するのは、彼が彼なりに人生の真実のようなものを発見したときだろう。発見というぐらいだから、彼にとっては新しい。その新しさが彼を生き生きとさせる。生命がおどる。その生命の躍動が彼の文章の「形式《フォーム》」に衝撃を与える。衝撃によってこわれかかった「形式《フォーム》」で、発見を掬《すく》いあげようとする。そしてどうやら掬いあげることに成功したとき、彼の文章は文体になっているのだ。「人生の真実のようなものを発見したとき」などと抹香《まっこう》くさいことをいったが、生命がおどるようなことならなんでもいいのではないか、とおもう。

ハナモゲラ和歌というのがあって、筒井康隆《つついやすたか》の「虚構におけるハナモゲラの自己完結性」(『定本ハナモゲラの研究』所収。講談社。昭和五十四年二月)なる抱腹絶倒文によれば、創案者は山下洋輔《やましたようすけ》トリオの四代目ドラマー小山彰太だといわれているが、このドラマーが、

ポーランドに旅した際、日本語の至極堪能《たんのう》なるガイドのハンナ嬢に

さてました　ですかここゆく　もしあんな　なんじくるする　ささそれするか

と詠《よ》んだとき、きっと生命がおどっただろう。おどったからこそ「形式《フォーム》」が文体にまで高められたにちがいないのだ。ただしハナモゲラ和歌にも限界はある。「ハナモゲラ語で和歌を」というのは生命おどるひとつの発見だった。生き生きとして名歌をいくつも詠んだ。だがその名歌はたちまち化石化し、ただの「形式《フォーム》」へと戻《もど》ってしまう。小山彰太というハナモゲラ歌人は、ひょっとしたら現在《いま》、短歌を愛しつつ短歌の滅亡を説いた釈迢空《しゃくちょうくう》(折口信夫《おりくちしのぶ》、一八八七〜一九五三)の心境にあるのかもしれぬ。

剣技場面をこれまでとはちがうところから捉《とら》えようと苦心していた時代物作家が、あるとき「こうだ、こうでなければならぬ」と思いつき、生き生きとして一篇の剣豪小説を書きあげる。その一篇に文体はきっとあるはずである。それまでどんな風俗小説家も気づかなかった朝の通勤電車での痴漢の跳梁《ちょうりょう》、しかも悪戯《わるさ》を仕掛けられているOLたちが、それを楽しん

でいるらしい。「それはおもしろい」とある風俗作家がこれまでなかった通勤電車小説をわくわくしながら書く。その最初の一篇には、彼の真の文体があるかもしれない。やがて彼がなんの発見もなく、ただその文体にしがみつくようになれば、もうそれは文体ではなくなってしまいただの「形式《フォーム》」に堕ちてしまうけれども。

初期の和訳聖書のひとつにサムエル・ウエルズ・ウィリアムズ訳の『馬太傳《マタイ》』というのがある。ウィリアムズ（一八一二〜八四）は、広東《カントン》派遣の新教の宣教師で、マカオに漂流した日本人から日本語を習い、ペルリ艦隊の通訳として浦賀へも来た。密航者吉田松陰と話したのも、このウィリアムズだが、彼の訳文はこうである。

　ヒンナ　コヽロノ　ヒト〴〵ワ　テンノクニヲ　モトメラルナリ　ナゲキカナシム
ヒト〴〵ワ　メデタクアリ　コレ　ソノヒトワ　アンダク《ママ》ヲ　モトメラル　ヤワラカ
ナ　ヒトワ　メデタクアリ　コレ　ソノヒトワ　地ノ業ヲ　ユズラル　ハナハダ　義
ニ　シタガウコトヲ　ヒモジイカワキ　アル　ヒトワ　メデタクアリ　コレ　ソノ　ヒ
トワ　万服　アリ　アワレミヲ　カケル　コヽロノ　ヒトワ　アワレミヲ　タシカニ
モトメル　コヽロキレイナ　ヒトワ　メデタクアリ　コレ　ソノ　ヒトワ　テンノ　ツ
カサヲ　ノチニ　ミレル　ワボクヲ　サセル　ヒトワ　メデタクアリ　コレ　ソノ　ヒ
トワ　テンノ　ゴシソクト　ナヲツレラレル　ギニ　シタガッテ　ナンヲ　ウケル　ヒ

トワ　メレタク《ママ》アリ　コレ　ソノヒトワ　テンノクニヲ　モトメラル　ヒト〳〵　ナンヂラヲ　アクゴウゾウゴンスル　マタ　ワレガ　コトニ　ツイテ　ナニ、ヨラズ　ワルキコト　ウソデ　ソシラレテモ　メデタクアリ　ヨッテ　オドッテ　ヨロコバレヨ　ソウ　イタサルナラバ　テンノクニニ　ナンヂラノ　ハウビ　ハナハダ　タントアリ……

これより五、六十年ほどたった明治四十三年（一九一〇）、カトリック神父のエミール・ラゲ（一八五二〜一九二九）が『我主イエズスキリストの新約聖書』を出版した。藤原藤男（東京独立基督《キリスト》教会）牧師の説によれば、ラゲには加古義一という伝道士がついていて、さらに第七高等学校講師（小野藤太、武笠三）や二松学舎教師（山田準）などの強力なブレーンがいたらしい。またこの五、六十年のあいだに、日本語も整備されていた。ウィリアムズ訳には稚気があって好ましいが、ラゲ訳には文体がある。協力者のひとりである小野藤太は後年、「毎日、わくわくしながらラゲ神父の許《もと》へ通ったものだ」と語ったというけれども、この「わくわく」がラゲ訳の文体を支えたのだと、我が田に水を引くような言い草だが、真実そうおもう。

イエズヽ口を開きて、彼等に教へて曰《のたま》ひけるは、福《さいはひ》なるかな心の貧しき人、天国は彼等の有《もの》なればなり。福なるかな柔和なる人、彼等は地を得べければなり。福なるかな泣く人、彼等は慰めらるべければなり。福なるかな義に飢渇《うゑかわ》く人、彼等は飽かさるべければなり。福なるかな慈悲ある人、彼等は慈悲を得べければなり。福なるかな心の潔《きよ》き人、彼等は神を見奉《みたてまつ》るべければなり。福なるかな和睦《わぼく》せしむる人、彼等は神の子等《こども》と称へらるべければなり。福なるかな義の為《ため》に迫害を忍ぶ人、天国は彼等の有なればなり。我為に人々汝等《なんぢら》を詛《のろ》ひ、且《かつ》迫害し、且偽りて、汝等に就きて所有《あらゆ》る悪声を放たん時、汝等福なるかな、歡躍《よろこびをど》れ、其《そ》は天に於《おけ》る汝等の報《むくひ》甚《はなはだ》多かるべければなり。……

十七世紀フランスの法律家にして数学者のピエール・ド・フェルマ（一六〇一〜六五）は、トゥールーズ地方議会の議員でありながら、デカルトと論争したり、パスカルと確率論について意見をたたかわせたり、なかなか忙しい人物だったらしいが、フェルマの死後、その蔵書の余白に、

$x^n+y^n=z^n$ においては、n が2よりも大きい整数のときは決して整数解を持たない。

と書きつけてあるのが発見された。n＝2 の場合はとうの昔にわかっていた。（x＝3, y＝4, z＝5）がその解で、いってみればこれはピタゴラスの定理である。問題はフェルマが結論だけを記し、途中の証明を書き残さなかったことだ。nが3以上だったら成り立たないとフェルマはいうが、どうすればそれが証明できるのか。以来、このフェルマの大定理は全世界の数学者をとりこにしてきた。そして現在も、まだ証明されていない。もしここにこの謎《なぞ》

を解いた数学者がいて、彼がその論文を書き上げれば、彼の論文は必ずや真の文体を持っているにちがいない。彼の全存在が近代数学史の全量と正面衝突し、彼の生命はおどっている。こういう精神が文体を生まぬわけはないのだ。

「通俗」たると「純」たるとを問わず作家も、これまでの文学の全財産を背負いながら、この時代と対峙《たいじ》し「人間とはなにか」という謎を解かねばならない。人間についてならどんな小さな謎でもいいのだ。その解を得たとき、これまできまりのことばの列が歓び躍って文体となる。話が大きくなってしまったが、いずれにせよ、どんな大作家でも常に文体を保持しているとはかぎらない。生命おどって書いたものにのみ、文体がある。なお、文体については後にもう一章設けて、考えるつもりでいる。

話すように書くな

書店の店頭に立ったびごとに、われわれを驚かせるのは、書店の一隅《いちぐう》にいまにもこぼれ落ちそうに並べられている文章指南書の長い長い列である。これらの文章指南書の体裁、および内容はまことに様ざまだが、ただその巻頭の部分はよく似ている。どの指南書も、申し合せたように、次の二個条について頁《ページ》を割いている。

《書く前によく考えよ》

《話すように書け》

これがどれにも共通する文章心得の二大根本原則である。前者についていえば、ごもっとも、文句のつけようのない真理だ。筆者も拳々服膺《けんけんふくよう》させていただくことにしよう。しかし後者にはちょっと引っかかる。なかには、『だれもが書ける文章』(講談社、昭和五十三年)の著者、橋本義夫のように、《下手に書け》と力説する指南番もあり、ますます引っかかる。もっとも橋本指南書は、だれに対しても《下手に書け》といっているわけではない。

橋本の説く相手は、文章を書こうなどとそれまで毛筋ほども考えたことのない人たちである。彼はそういった「文章処女」たちに《下手に書け》と説き、生活体験を綴《つづ》ることをすすめ、それを「ふだん記《ぎ》運動」と名付けているのだが、では、この橋本の言いつけを守って、ひとりの庶民が下手に書こうとつとめているうちに著しく文章力が向上し、よし今度は生活体験じゃなく小説のようなものを書いてみよう、と決心したとしよう。その庶民はなにを座右の銘とするだろうか。おそらく、《話すように書け》と記した紙を机の前に貼《は》り出すにちがいない。というのは、《話すように書け》を金科玉条にした作家がじつに多いからである。それも飛切上等の作家が口裏を合せたようにそういっているのだから信じたくもなってくる。

林芙美子《ふみこ》が、本郷《ほんごう》菊坂ホテルに宇野浩二を訪ねて、小説の書き方について質問した時「当人のしゃべるように書くんですよ」と宇野さんがこたえた話は有名である。ぼくも宇野さんからじかにその話をきいたが、宇野さんはぼくには「しゃべるとおりの書き方の元祖は武者小路実篤《むしやのこうじさねあつ》ですね」といってから、「しかし、調子が出たらペンは置くことですね」といわれた。またこの「調子が出たら」のつぎに「葛西善蔵《かさいぜんぞう》はそれをしょっちゅういってました」ともいわれた。宇野さんに「二つの会」(『宇野浩二全集』第十二巻一一一頁)という文章があって林芙美子とのこの問答のことが出ていて、その文章で、宇野さんは、「自分の持っている言葉で、話をする通りに書けばいい」と記しておられる。じかの話だと、「しゃべるように」と宇野さんの口から出たものが、文章になると、そういういい方に変っている。

(水上勉「語り、文体それから」)

文字でする表現即《すなは》ち文章と、言葉で以《もつ》てする日常の談話の表現とに何か本質的な相違があるかのやうに考へるのが抑《そもそ》もの迷信なのである。言葉の通りを文字にしたものそれをそつくり文章と心得て差支へない。差支へないどころではない。それが本当といふのが自分の文章論の建て前である。それだからこそ言葉を知り文字を知る限りの人々なら、誰《だれ》でも文章は書き得るものといふ気軽るさと自信とで以て筆を執り紙に向つて、語らうとする心のままを、自分の言葉で自分の口から語りながら、手ではそれを文字に筆録してみるだけで、文章は自《おの》づと出来るものなのである。現に自分は今ひとり言を呟《つぶや》きながら唇《くちびる》の動きのとほりを手で筆記してゐる。（略）言葉と文字との極端なまでの一致に対する信念、さうして心ゆくままに話すことを喜ぶが如《ごと》く文字を操ることとこれが文章入門の心得である。

（佐藤春夫「法無法の説」）

宇野浩二や佐藤春夫のほかにも、「言と文とは一致する」と説いた先達たちは大勢いる。里見弴《さとみとん》は《あたまの中ではつきりした形をとつてゐる考へなら、言葉として口舌にのせる場合も、筆をとつて紙の上に文字として記される場合も、共に先づ名言名文たるの素質をもつことになる。》（「文章について」）といい、瀧井孝作は《文章は、形式も規則も何もないので、誰でも、無造作に書いてもよいものだと思ひます。》（「文章雑談」）といった。

これはあくまで推測だが、話すように書けと教え諭しているこれらの先達たちに、たとえば〝俳聖〟芭蕉《ばしよう》の「深く入つて浅く出《い》づる（対象を深く捉《とら》えてのち、それを簡単明瞭《めいりよう》に書く）」という表現論が浅からぬ影響を与えていそうだ。さらにこれらの先達たちには、言文一致運動にたいする篤《あつ》い信仰がある。わが国の言語改革のなかで唯一《ゆいいつ》の成功例である言文一致体への強い尊敬がある。この運動の担《にな》い手であった明治期の文学者たちへの憧《あこが》れがあった。こうしたことが、話すように書けという文章心得になったのではあるまいか。むろん芥川龍之介《あくたがわりゆうのすけ》のように「いや、自分は書くやうにしやべりたい」と異を唱えた作家もいたし、その先を行って「書くやうに書く」と叫んだ作家群もあった。がしかし大勢にそう大きな変動はなく、文章指南書は現在も依然として、話すように書け、言文一致こそ尊い、と説くのである。くどいようだが、現在の文章指南書のうちの一冊を手にとってみよう。ここにも言文一致の提唱がある。

人と話ができるなら、だれだって文章が書けるのだ。おしゃべりを字で書こう。

（糸川英夫監修『美の知識88』三省堂。昭和五十五年）

南北朝時代の南朝の一つ、梁《りよう》（五〇二〜五五七）の武帝が、臣の文人周興嗣《しゆうこうし》（?—五二一）に命じて作らせた韻文集『千字文《せんじもん》』の日本国への渡来は、『古事記』や『日本書紀』によれば、応神天皇の十六年のこととされている。もっとも応神天皇の実年代は三世紀末葉から四世紀初頭らしいから、これでは年代があわない。周興嗣が『千字文』をつくる前に、その『千字文』がなぜか渡来したことになってしまう。しかし重要なのはその書名がすでに記紀に見えていることで、とすれば八世紀のはじめ頃《ごろ》までには、わが国に伝えられていたと考えてよかろう。この『千字文』は一句四言、二百五十句で都合千文字、初学に必要な文字をことごとく含み、一字も重複していない。いろは歌の漢字版である。たぶんいろは歌はこの『千字文』の趣向を真似《まね》て作られたのではないかと思われるが、これはあてにならない素人《しろうと》推理、そっちへ踏み込んではならない。いずれにもせよ、『千字文』は千二百年間にわたって、手習の教則本として重きをなしてきた。今日でも書家は『千字文』を手本に手習をする。さて『千字文』は、頭、手、口、目、鼻、家、道、山、川、谷、水、火などの不滅の重要文字を満載している。八割以上が今日も大いに用いられているのである。つまり「書かれたもの」は意外に腐ることはない。その点、音声には選手の交代がまま見られる。たとえば〔wi, we, je, ʃe, ʒe〕などは消えたが、〔fa, fi, vi, vo, ti, tu, di, du〕などが勃興《ぼっこう》した。

別にいえば、言は絶えず文から離れて行くのである。明治期に言と文は、文学者たちの努力によってごく近間《ちかま》まで接近したが、このごろは特に言の揺れが激しいせいもあり、言と文との間に距離が生じてきている。大勢の作家たちが話すように書けと諭し、また文章指南書が同じように教えるのは、このへんを踏まえているからかもしれない。そういえば椎名誠《しいなまこと》を旗手とする「昭和軽薄体」という新種の言文一致運動が、若い人たちの間で、もてはやされてもいるようだ。

こういった事情を充分承知した上でいうのだが、それでも、話すように書け、は噴飯物《ふんぱんもの》である。話し言葉は、筆者の見るところ「会話態」、「講話態」、「ゆるやかな講話態」の三つに大別されると思うが、これらの話し言葉と、書き言葉とは、お粥《かゆ》と赤飯ほどもちがうのである。お粥が赤飯ではないのと同様に、極言すれば言と文との一致はあり得ない。それはなぜか。

試みに読者は行きつけの酒場にテープレコーダーを持ち込んで、そこのマダムと御自分との会話を録音なされるがよい。会話態というものがいかに書き言葉から遠くへだたっているか痛感なさるにちがいない。あるいは、部下を叱責《しっせき》なさるときに（上役からガミガミ叱《しか》られるときでもよいが）、その席にテープレコーダーを持参されよ。叱責という一種の講話態が、まるで「文」の体裁を整えていないことに仰天なさるだろう。あれほど筋を通してマダムを手際《てぎわ》よく口説いたのに、部下を叱ったのに（あるいは上役から叱られたのに）、どうしてこう冗長な発語行為をしてしまったのか。ひょっとしたら自分は阿呆《あほう》ではないか。

それが阿呆ではないのである。この冗長性こそは話し言葉の大きな特徴のひとつで、発語量の七〇%までが無駄《むだ》な受け答えであるという調査（情報理論の創始者のひとり、クロード・シャノンの調査による）もある。つまりよく考えて発語するならば、われわれはいまの三分の一のおしゃべりで生きてゆけるというわけだ。がしかし無駄がなくなると会話をするときに命がけの緊張を強《し》いられる。それでは神経がまいってしまう。そこでわれわれは三分の二以上もの無駄を交えて会話し、講話する。

また話し言葉では文（というのも妙なものだが）の長さが短くなる。岩淵《いわぶち》悦《えつ》太《た》郎《ろう》の調査によれば、新聞記事やラジオのニュースの文の長さが平均一六〜一九文節であるのに、会話では三・八文節だという。ちなみに文節とは、「文を分解して最初に得られる単位であって、直接に文を構成する成分」（橋本進吉）である。「話すように書け」の場合は、「話す」「よう」「書け」というのがそれぞれ一文節だ。したがって「話すように書け」という文は三文節から出来ていることになる。とにかく話し言葉は、新聞記事の四分の一以下の、少い文節数で成っているわけで、話すように書け、を金科玉条にしたりすると、新聞記者はつとまらぬ。

このほかに話し言葉には、その文の構造が簡単（文節数が少いのだから当然だ）であるとか、中心的意味を担う文節が冒頭にくるとか、目立った規則性が見られる。日本語では、大事な意味を持つ述語が文の最後まであらわれない。だが、それはあくまで書き言葉でのこと、たとえば会話態では、

「買えないよ、そんなもの、お金がないのでね」

といった具合に、述語をまず示して文の骨組や結構を定め、それから意味をいっそうくわしく限定する修飾語や修飾句を並べてゆくのである。つまり書き言葉にするには、この逆の

手順を踏まなければならぬわけで、仕事の進め方としては正反対になる。なのにどうして、話すように書けるだろうか。

さらに話し言葉には、「ね」「さ」「よ」などの間投助詞が文節の切れ目ごとに付いたりする。エー、アー、オー、ソノー、アノーという無意味な音声も加わる。そして文脈の乱れ。話し言葉は瞬時のうちに消え失《う》せてしまうゆえ、話し手は主語と述語や、修飾と被修飾の照応関係がわからなくなってくる、かと思うと相手の反応を窺《うかが》って途中から論旨を変えてみたり、鼠花火《ねずみはなび》のようにあっちへ飛び、こっちへ跳ねる。書く場合は、これら余計なものを排除し、照応関係を正し、論旨に一貫性を持たせなければならない。そしてこれらはかなり骨の折れる作業なのだ。

話し言葉では、言語表現以外の伝達道具、たとえば声の調子や身振りなどがものをいう。

「ねえ、これ、買ってよ」

この文を発したのが粋《いき》な中年増《ちゅうどしま》で、声音《こわね》が表情音のうちの「猫《ねこ》なで声」だったとしたら、われわれは、とくに男の場合、財布を取り出さざるを得ないであろう。

またこの文を発したのが、目付きの鋭い、やくざ風の男で、そっと差し出してきたのがなにやら曰《いわ》くあり気な写真の束、そしてその声音が「ドスのきいた声」であったら、やはり買わざるを得まい。このように話し言葉では、声音や口調が重要な意味を担う。書き言葉では、その声音や口調を描写しないかぎり、このようなことは起らないのである。

「ガタンと音がした」

「それはもう長いトンネルでね」

こういった文を発語する際、われわれは「ガタン」を強くいい、「長い」を「ナガーイ」という。この音象徴も、当然のことながら書き言葉にはないものだ。

英語における、

Just a minute 〔dʒʌstəminit〕 ジャスタミニト

like it 〔laikit〕 ライキット

run out 〔rʌnaut〕 ラナウト

far away 〔fa:rəwei〕 ファラウエイ

日本語の、東京方言における、

あなたの家 アンタンチ

ぼくの家 ボクンチ

行ってしまえ イッチャエ

知らない シンナイ

これらの連語《れんご》法《ほう》(sound collocation)もまた話し言葉の特徴である。いくつかの単語が、ひと息で、あたかもひとつの単語のようになめらかに発せられ、意義単位もひとつになる。つまり、単語、句、文とは何であるか、といったような形式理解は話し言葉にはいらない。

問題となるのは、気息群と意義単位なのだ。書き言葉とは、同じ言葉であるとはいいながら、ずいぶんちがうではないか。

もうひとつついでに、話し言葉には音声の転換という現象がしばしばおこる。「茶釜《ちゃがま》」を〔tʃamaŋa ＝チャマガ〕、「からだ」を〔kadara ＝カダラ〕、「卵」を〔taŋamo ＝タガモ〕と、錯置するのがこれである。発語行為においては、これらの言いちがいはほとんど咎《とが》められることはないが、文字では咎められる。ギャグとして仕組まれた場合は別であるが。

もっとも、会話態よりも講話態（座談会など）、講話態よりもゆるやかな講話態（スピーチ、講演など）へと発語速度が落ちてゆくごとに、話し言葉は書き言葉に近くなる、ということはいえる。佐藤春夫のいう「言葉で以《もつ》てする日常の談話の表現」とは、あるいはこのゆるやかな講話態のことを指しているのかもしれぬ。ここでひとつ余談をはさめば、発語速度が落ちて講話態になると、「――は」「――を」「――で」などの助詞がきわだって強く発音されるという現象がおこることがある。間が持てず助詞で力んでしまうのだ。この助詞力み現象は、昨今の小・中・高校生、とりわけ女子の間で、たいそう流行しているようである。

話し言葉にみられる言語以外の、いわば準言語学的な要素《パラ》はまだまだあるけれど、その大半を割愛して最後に「状況」について述べて、結論へ移ることにしよう。筆者はこの一カ月、市川市内の煙草《たばこ》小売店十数軒で次の如きささやかな実験を行った。百円硬貨を二枚出して、「イレブンスター」

と告げたのである。また、時には、

「ライムライト」

とも発語した。そして筆者は一度の例外もなく、「セブンスター」や「ハイライト」を、ちゃんと入手している。この原稿を書き上げたら、散歩がてらに煙草屋へ出かけ、「ボップ・ホープ」といおうと思っている。必ずや「ショート・ホープ」を手にすることができるであろう。すなわち、煙草屋の店頭に客として立つという状況の下では、ごく曖昧《あいまい》な発語を行っても、目的は達せられるのである。真夜中、頬冠《ほおかむ》りの土足、そして出刃庖丁《でばぼうちょう》という文脈さえあれば、たとえその頬冠り男が、

「なにか御用がおありでしょうか。言いつけていただけば何でもいたします」

と愛想よく問うても、忍び込まれた方はふるえあがり、有金残らず彼の前に並べるはずである。ここにおいて発語行為は完全に文脈に取り込まれ、かつ呑《の》み込まれ、伝達の用をなさなくなる。このようなことは書き言葉では起り得ない。起らせようと思うなら、その文脈を過不足なくしっかりと文字で捉えておかなければならない。

このような次第で書き言葉には準言語《パラ》の援軍はまったく期待できない。そこで「話すように書け」などと信じていると文章を綴《つづ》ることが、苦行とまではいかなくても、人間にはやや不自然な、もっといえばかったるい、そしてじれったい作業となる。むしろ「話すようには書くな」と覚悟を定めて、両者はよほどちがうものだというところから始めた方が、ずっと

近道だろう。そのとき書き手を支えているのは、自分のなかに眠っている力を、言葉であらわすよろこびだけである。自己発見のよろこび、文章を綴るときの援軍は悲しいことにこの一騎だけだ。

透明文章の怪

一

透明度の高い文章ほど名文である、という常識がある。「常識」というぐらいだから根強く支持されており、たとえば朝日新聞の元学芸部長で、「社説」や「天声人語」の執筆者でもあった能戸《のと》清司《きよし》は、『文章はどう書くか』（昭和五十五年、KKベストセラーズ）という文章入門書の巻末を次のように結んでいる。

……何度も書いたことだが、文章とはつまるところ人間の意思や思想を伝達するための一手段である。手段であるから、伝達すべき内容を、少しも損なうことなく、ありのまま正しく相手に伝えることができれば完璧《かんぺき》といえる。／したがって、最高の文章というのは、文章を感じさせずに、筆者のいおうとしている内容がずばりそのまま相手に伝わるようなものであろう。だから逆説的にいえば、「文章がうまいなあ」と文章の存在を感じさせるうちは、まだ最高とはいえないわけだ。／これについて、私がいつも心にとめているのは、志賀直哉《しがなおや》が、戦前、ある文学全集の巻頭に書いていた次の言葉である。／「夢殿の救世観音を見ていると、その作者というようなものは全く浮かんで来ない。それは作者というものから、それが完全に遊離した存在となっているからで、これは又格別な事である。」／(略。これは)文章というものについてもあてはまる言葉だとも思うのである。すなわち、読む側に文章というものの存在を感じさせないで、筆者のいわんとする内容だけがじかに伝わって来る、それこそ文章の極致であろう。……

この常識の、理論的な支えとなっているのは一時期、猖獗《しょうけつ》を極めた「言語＝道具」説であることはたしかだが、「しき島のやまとの国は事霊《ことだま》のたすくる国ぞまさきくありこそ」(『人麻呂《ひとまろ》歌集』)と歌われる国日本の、それも国一番の大作家といわれる志賀直哉が口でいうほどこの常識を信じていたかどうかは、大いに疑問である。加えて「言語＝道具」説の信奉者とはとても思えない、これまた国一番の大作家の川端康成《かわばたやすなり》が志賀直哉の、こういった発言をじつに素直に受けとめ、『城の崎《きのさき》にて』を引き合いにだして、「作者から独立しているこういう文章こそが名文である」と述べたのはおもしろい。どうもこの国の、「国一番の大作家たち」とは、理論とは無関係に、つまり無意識主義で、「名作」の書ける人たちのことであるらしい。あるいはこの国の伝統的な文芸観「己《おのれ》を空《むな》しゅうする」無心《ニヤ・ミス》主義が、思いがけないときに思わぬところで「言語＝道具」説と異常接近を引きおこしたのかもしれない。

それはとにかく、意外なことに野間宏《のまひろし》も、この立場に立つ一人である。

文章というものは、このように自分の言葉をもって対象にせまり、対象をとらえるのであるが、それが出来あがったときには、むしろ文章の方は消え、対象の方がそこにはっきりと浮かび上がってくるというようにならなければいけないのである。

（『文章入門』青木文庫）

志賀・川端から野間宏まで、ということはつまりこの「透明度の高い文章ほど名文である」説は、本邦の文章観の本流をなしているといってよいだろう。ではいまこの文章を書き綴《つづ》っている、この国末番の小作家は、この説をどうみているのか。それには手続きがすこし煩《わずら》わしいようだが、小林英夫と波多野完治の小論争に触れなければならない。小林英夫はソシュールの飜訳者《ほんやくしゃ》として、また波多野完治は文章心理学の提唱者として、「日本の近代的な文体論を拓《ひら》いた功績者」（中村明）のうちに数えられるが、この小林が昭和十七年に、

真に名文と称すべきものは、文章意識を読者に惹《ひ》き起させない底のものであらう。媒体たる言語が完全に克服され乗り超えられてゐるときに始めて名文といひえよう。之《これ》に反して斧鑿《ふさく》の跡の見透される文章は、中位の文、結局凡庸《ぼんよう》の文である。

（『文体雑記』）

と述べたのへ、波多野が昭和二十八年に、こう反論したのである。

文章は果して文章そのものを意識しないようになったとき、始めて名文なのであろうか。文章が前面へ出て来ているのが名文でないことは言うまでもない。しかしある一つの事柄《ことがら》がまさに文章を通じて語られる、という意識をもちつつよまれることは名文の真の資格ではなかろうか。

（『文章心理学入門』）

小林がどう答えるか期待された。がしかし論争になるには、お二人ともたがいに相手を尊敬しすぎていたようだ。小林は翌昭和二十九年に、

攻め手（波多野）も守り手（小林自身）も、文章の種別を明言することを怠っている。二つの文章種の間に一線を画することによって、両者の提言は、たがいに他を傷けることなしに、そのまま成立するであろう。／すなわち、実用文としての名文は、あくまで文章意識を伴わない透明な文章でなければならない。と同時に芸術文としては文章自体が美意識に訴えることのつよい文章が、名文といいうる、少くともいいうることもある、と考えられるのである。

（『文章の美学』）

と躱《かわ》し、さっさと土俵をおりてしまう。小論争と名づけた所以《ゆえん》である。いや、小林は土俵をおりたばかりではない、すぐさま行司に早替りして、「実用文では自分に理があり、芸術文では波多野説に軍配が上るかもしれない。つまりどちらも正しい。土俵がちがっていただけなのである」と引き分けを告げたのだった。どうも小林について書くときの筆者の筆には毒が含まれているようだが、理由がないわけではないので、ソシュール言語学の鍵言葉である signifiant《シニフィアン》 と signifié《シニフィエ》 に、この碩学《せきがく》がそれぞれ「能記《シニフィアン》」と「所記《シニフィエ》」という訳語を当てられたことを聞きひそかに恨みに思っているのである。その訳業を偉とすることにかけては人後におちないつもりだが、しかしそれにしても「能記」や「所記」はひどい。せっかくの訳文がこの面妖《めんよう》な二つの訳語のおかげでまるでわけのわからないものになってしまった。ここはあっさりと「記号表現《シニフィアン》」「記号内容《シニフィエ》」となさったほうがまだましであった。このほうがわれわれにもよりよくソシュールを理解できたはずであるのに……、というつまらぬ個人的な恨みがあって、それがつい筆に毒をふくませ、ついでに言えばそのせいでこちらは波多野説に軍配をあげてしまうのである。とはもとより冗談で、「透明度の高い文章は名文である」説は、読者はなぜ文章を読むのか、読者を読むという行為に引きずりこむ真の力はなにか、ということに注意を向けていないところがまず落第であると考える。それが文学作品であれ、あるいは新聞の折込みチラシであれ、はたまた手紙であれ、読者がそれらを読みつづけるのは関心があるからである、もしくは読むうちに関心が発生したからである。文章の透明度とはほとんど関係がないのだ。べつにいえば、よい文章とは読む者に関心をもたせるもののことである。たとえば「鉄のカーテン」をはじめとするいくつもの名スローガンの発案者であり、名文章家であり、雄弁家であり、ついでに名政治家でもあったチャーチルは、このことをよく知っていた。一九四〇年の正月、チャーチルと労働党首ハーバート・モリソンの年頭所感が「ザ・タイムズ」の一面に並んで載った。その前年の九月に英国はドイツにたいし宣戦布告を行っているのであるが、さて、チャーチルの所感はこうだった。

「全国民が気をひきしめて今こそ義務を遂行しようではないか。そうすれば千年後に、われわれの子孫はこぞって叫ぶことであろう。『あのときこそは、イギリス人がもっともすばらしい生き方をしたときであった』と」

一方、モリソンの所感は簡潔で、したがって透明度は高かった。

「やろうじゃないか」(Go to it!)

人びとはチャーチルのこの所感を長く言い交して激励し合った。そして数カ月後、チャーチルを首班とする連立内閣が成立した。もとよりこの所感がうけたせいで首相になったわけではないが、片々たる所感にまで「歴史意識」を持ち込んだところが凡手ではない。そういうものを持ち込むたびに文章の透明度は落ちて行くが、文章にとってはそんなことはとるにも足りぬこと、問題はその言説や文章に受け手が関心を持つか、否《いな》かである。「やろうじゃないか」では、関心の持ちようがない。

筆者の住いの近くに「松戸サニーランド」というサウナを併設した安売りストアがあり、ボーナス期になると毎日のように新聞折込み広告で安売り攻勢をかけてくる。普段は読みもせずに捨ててしまうのだが、この間のはつい読んでしまった。大きく「暴走！ 暴走！ 大暴走！ 狂気の沙汰《さた》かクレージー！」とあったからである。ここまでは〈どこかでまた安売りをやっているらしいな〉ということぐらいしかわからない。すなわち透明ではない。見通しがきかないから濁っている。次にやや小さく「怒濤《どとう》の勢いであなたに迫るこの安売りの数々！」とある。〈なにを、どこが安売りしようとしているのか〉が、その面には載っていないから依然として透明度は低い。ただし大活字と謎《なぞ》めかした大時代的文章で受け手は驚き、そのおかげで彼の意識はいま覚醒《かくせい》した。つまり関心が発生したのである。裏面を見る。大安売り品目がびっしりと並び、下方に小さく「松戸サニーランド」とあった。謎はとけた。執行猶予《ゆうよ》の状態にあった知覚が、ここではじめて納得する。知覚は欲望をかきたてられたが、いま充足したのである。そこにはささやかではあるが、知的充足の安堵《あんど》感がある。

このようにチャーチルの所感も安売りストアのよく出来た広告もじつに短いが、その短いなかに謎がある。謎は当然、不透明であり、受け手はつまずき、その故《ゆえ》に「言葉」を実感する。しかし同時に関心も発生しており、その関心が受け手に「前進せよ」と命令するのである。

ここでさらに不透明な文章（正確には談話であるが）を掲げよう。寺山修司があるときNHK教育テレビでマグリットの絵について語った。それをタモリが後日、次のように再話する。

……（寺山修司の口調で）ボクとあの、シュールがどう結びつくかが問題じゃなくて、つまりアノ、たとえばボクはカネガネおもっていたことがあるわけです。つまりあるものがあって、このもののもつ意味がひとつあるわけです。そうした場合にこの、つまり、ものと意味というもの、道具としての世界っていうのがひとつ成りたっているとおもうんです。たとえばこの灰皿っていうのは現実性と対応しているものである。だれもこれでメシを食わないっていうのがひとつあって、つまり道具的な連鎖性の世界がわれわれが文化として呼んでる世界じゃないかとひとつおもうわけですね。それをひとつ裏返してひっくりかえしてみたい。その意味をはなれたときに、なにが出てくるのかっていうおもいがボクにはあって、それはおもいつづけたわけなのだけれど、どうも自分ではうまく表現できない。まァしようとしたこともあるんですけれど、まァ成功しなかったというひとつの事実があるわけです。そうした場合にふとボクが高校のとき本屋の前を通りかかって、ルネ・マグリットというボクが聞いたこともないような画集が出てる。で、それをなにげなく開いたときに、アッ、コレだなって感じがあったわけです。そのとき初めてボクはシュールの世界にふれたし、いまでもシュールの世界をずっと追求していこうという考えがそこにあるわけですね。つまり、道具連鎖性の意味の世界、これを逆に展開してみたいって気持ちがするわけです。つまりこれはその、意味という呪術《じゅじゅつ》からの解放であるわけですね。

（タモリ＋松岡正剛《せいごう》対談集『愛の傾向と対策』工作舎、昭和五十五年）

寺山の（あるいはタモリの）言表内容は明瞭《めいりょう》である。一対一対応の世界に縛りつけられていた少年が、あるときマグリットの絵を橋渡しに一対多対応の、より自由な世界への通路を発見できたという、これは一種の冒険譚《たん》なのだが、たったこれだけのことを先行する言葉に次の言葉を紡《つむ》ぎ出させつつ、ためらい、つまずきながら述べて行くさまがおもしろい。おもしろいと思えばこそタモリも真似《まね》をするのであろうが、そのためらいやつまずきのたびに発生する不透明さ＝謎が、言葉の壁が「のりこえたい、その向うを見たい」という欲望を生み出し、その欲望を満すために受け手は前進する。じつはわれわれは知らぬうちに比喩《ひゆ》の問題に首を突っ込んでしまっていたのであるが、そこで大江健三郎の『セヴンティーン』から性器に関する比喩をいくつか拾ってみよう。

インポテの毛だらけの里芋

性器はどこもかも縮みこんで膨《ふく》ら雀《すずめ》のように股倉《またぐら》の屋根にちょこんととまっていた

灼熱《しゃくねっ》した鉄串《てつぐし》のような男根

大江作品には秀抜な比喩がふんだんにちりばめられていて、それだけをまとめて読むというたのしみさえも受け手には与えられているけれども、まず受け手は「インポテ男性器」と「毛だらけの里芋」との等置に一瞬ぎょっとなって立ち竦《すく》む。〇・〇〇〇五秒ぐらい途方にくれる。したがってその瞬間は透明度がぐんと落ちる。前途は真ッ暗である。しかもこの例の場合は、隠喩なので手がかりはない。言葉が立ちはだかる。これは重大な謎である。しかしすぐに通路が見つかる。「そういわれてみれば似ている」。謎、すなわち関心の発生から解決までの所要時間は、人によって異なろう。成人男子は〇・〇〇〇五秒、少年で〇・〇一秒、成人女子は〇・〇一五秒、そして少女なら一秒ぐらいか。少女の場合、あまり見たことがないから謎解きに時間がかかるのはやむを得ない。いや、受け手が少女なら、この隠喩は謎というよりは、むしろ「よりよい伝達具」としてはたらくかもしれない。伝達具としての比喩については後述するが、とにかく比喩の前で立ちどまることはだれであれ同じである。謎が解決したときの快感についてはさんざん述べたからもう繰り返えさないが、いい比喩はこのように受け手の通過を簡単には許さぬのである。とりわけ大事なことは、受け手は瞬時でも立ち止まるたびに言葉や文章を実感するということで、文章とは第一に言語の特別な使用である以上、これは当然すぎるほど当然だろう。「餅《もち》のような肌《はだ》」ではだれも立ち止まらない。使い古された紋切型だから透明すぎてだれひとり意にもとめないのである。だが「白い陶器に薄紅を刷《は》いたような」（『雪国』）となると話は逆になる。これは新しくて、よい比喩だ。そこで引っかかるのである。こういう次第で、文章だと感じさせないほどよい文章であるという常識は、もっと疑われてもいいと思う。

二

前に引用した小林英夫の文章を、面倒だけれどもいま一度思い返していただきたい。このソシュール言語学の紹介者はたしか、《実用文としての名文は、あくまで文章意識を伴わない透明な文章でなければならない。と同時に芸術文としては文章自体が美意識に訴えることのつよい文章が、名文といいうる、……》といっていたはずである。では透明なるをもってよしとされる実用文の正体とは一体なんであるか。国語辞典は実用文を「文学作品として書かれるものでない、実務的な文章」（小学館『日本国語大辞典』）と定義しているが、これではなんだか曖昧《あいまい》だ。漱石《そうせき》なら「棕梠箒《しゅろぼうき》で煙を払うように、さっぱりしな」（『草枕』）い、と書くところである。そこで実例を二、三、検討してみたいと思う。最初に引くのは、商業実用文の中で、もっともむずかしいとされている催促文だ。「むずかしい」のは文章意識＝修辞術が要《い》るからに外ならず、この点でも、小林説は怪しくなるはずだが、現在《いま》はあまりこだわらないことにする。

拝啓　毎々お引き立てをこうむりありがたく御礼申しあげます。貴注第二八号によるご注文の品代金につき再三にわたりご請求申しあげてまいりましたにかかわらず、今もって何のご回答にも接しないのはまことに遺憾に存じます。

長年のお取り引き先の貴店に対して、当方もあまりむげにお取り計らいしてもいかがかと存じ、そのままお待ちいたしておりましたが、このような状態が継続いたしますようでしたら別に何らかの処置をとらせていただくことにならぬとも保証いたしかねます。（傍線井上）

つきましては本月末日までお待ちいたしますから、それまでに必ず全額のご送金をお願いいたしたく、万一どうしても不可能の場合にはご送金の確かなご予定をお知らせくださるようお願い申しあげます。

敬具

（新倉孝治・菊地宗俊著『実例による商業文の書き方』有紀書房）

つづいて、この文章が読者諸賢のお目にとまる時分には放送が済んでしまっているが、日本テレビ系列「24時間テレビ 愛は地球を救う 4」(昭和五十六年八月二十二日)の企画書を入手したので、このパンフレットから企画趣旨の部分を引用させていただく。

> テーマは「愛」です。
>
> あなたの「愛」です。
>
> その愛に、地球の将来を賭《か》けてみようという提案です。
>
> いま、地球の年令46億歳ですが、あらゆる「種」はそれに較べれば一瞬の生を享受して絶滅して行きます。恐竜は７５００万年前に突然絶滅しました。人類も現在40億の人口をかかえ、30年毎に倍増しています。地球では２００億人は生存出来ないといわれています。その限界に達するのは、そんなに遠い未来のことではありません。その間に人類のとるであろう選択は二つしかありません。一つは偏見と差別に満ちた十九世紀以来の勢力のしのぎ合いです。もう一つはとぼしきを分ちあい、人種・性別・階層などで差別しない理性的な人類福祉社会です。前者は、究極的にエネルギーや資源の浪費を招き人類の住みにくさを加速度的に増して行きます。とすれば私たちが恐竜にならないですむ方法は、連帯しかありません。そこでこの番組は、現代の魔法の鏡テレビを使って地球の自画像を一日みつめてみようという企画です。生きのびるための「地球人必見!テレビ百科辞典」といったところです。そして銀河系の小さな蒼い星に過ぎないこの地

球のかすかな生命が、せめて心を寄せ合って生きて行こうというお互いのブロックサインを「24時間チャリティー」という形で提案したいのです。

『実例による商業文の書き方』の著者たちは、その「まえがき」で、《商業文で大切なのは、まず第一に正確さ、それに加えて「カメレオン」です。》と強調している。カメレオンとは、カンケツ（簡潔）、メイリョウ（明瞭）、レイ（礼）にかなう、オンケン（穏健）の、四つの心得の頭音をつないだものらしい。だが、「簡潔」と「礼にかなう」こととはなかなか両立しにくい。この本に限らず商業文の書き方教則本に掲載されている例文は、まず例外なく「礼にかなう」ことに力点をおく。そこで例文は、緩叙《かんじょ》法（控え目な言い方をしてかえって強い意味をあらわす）、婉曲《えんきょく》語法、迂言《うげん》法（コトバ数を多く使って間接的に遠回しに表現する）、二重否定などで構文作業が行われ、簡潔とはおよそ縁遠くなってしまう。つまり、商業文にも文章意識＝修辞術はしっかりと在《あ》るのである。とくに引用文は、もっともむずかしいとされる代金の催促の書状なので、傍線部分に緩叙、婉曲、迂言、二重否定の各法が一気に総動員されている。簡潔を志すならば、「代金を今月中にお支払いください。さもないと取引きを停止します」でもよいはずだが、どうしてもそうはならない。どんな人間でも文を綴《つづ》ろうとすれば必ずそこには修辞が忍び込む。大時代な言い方になるけれど、修辞は文の宿命なのである。

ある事務員がさらに一層簡潔に、「代金至急払え、返待つ」と記したときのことを考えてみよう。この一行は電報文としては立派に成り立つ。だが、これを便箋《びんせん》に書いて投函《とうかん》すれば、返事のかわりに言語治療士《スピーチ・セラピスト》がやってくることになるだろう。この一行は、文の意味部（思想の骨格）は保たれているものの、形態部（助詞、助動詞、形容詞、動詞の活用など）は貧困で、書き手は「表出失語症」を病んでいるとみなされるからだ。もっと正確には「電文症」というコトバの病気で、つまりこれは修辞感覚の欠落症なのだ。このことからも「修辞は文の宿命である」は、決してあやまった定義ではないのである。電文症と対《つい》をなす言語障害に「言語不当配列症」というのがある。語漏的といってよいほどコトバを溢《あふ》れさせるが、意味部、別にいうと統語能力、構文能力に重大な欠陥のある病いで、たとえば次のような言語表出を行う。

言語不当配列男 歌を、どういう、たとえば、作るのか、サンプル、あっても、が、いいじゃないか。にも、ヒント、考えて、じゃないか、み、ため、専門家、の、を、よう。しら、どうか。言っているのだ、なにを、おれは。わからん、にも、自分。くれ、たすけて。

拙作の戯曲『花子さん』からの引用だが、右の台詞《せりふ》を妥当な構文に戻《もど》せば、「たとえばどういう歌を作るのか、サンプルがあってもいいじゃないか。専門家のためにもヒントを考えてみようじゃないか。どうかしら。おれはなにを言っているのだ。じぶんにもわからん。たすけてくれ」となる。この場合も修辞活動をしないことは不可能であって、ここから逆算すれば、「文とは意味部と形態部とが混然一体となったもので、その両部に修辞が働いているのだ」、といい得る。そして修辞とは読み手になんらかの関心を呼び起そうという技術（とまでは行かない場合でも、意欲であるにはちがいない）だから、その部分では一瞬でも読み手を立ち止まらせなくてはならない。当然、そこは不透明にならざるを得ないのだ。前にも詳説したように、不透明な部分が読み手には関心、謎、ショックとなり、それをいちいち解決しながら読み手は読み進む。もっといえば、文は読み手に「その先を知りたい」という欲望を起させ、その欲望を次々に充足させて、読み手を前へ前へと引っぱって行く。したがって修辞＝間もなく解決される不透明さ、とおくと、「修辞は文の宿命である」という命題は、同時に「不透明は文の宿命である」とも代換されるのである。そういうわけで小林説はどうも信用がならぬのだ。だいたいが引用した商業文の傍線部分は充分に不透明ではないか。だれでもこの個所は、再読しなければ意味がつかめない。

次に番組企画書の方だが、これはより「芸術文」的である。その証拠にこの文ではいっそう活潑《かっぱつ》に修辞術がはたらいている。「一瞬の生」は誇張法である。「現代の魔法の鏡」はテレビの、「地球人」は人類の、「ブロックサイン」は表明するということの、それぞれ隠喩《いんゆ》である。また「銀河系の小さな蒼い星」は代称《ケニング》（一つの名詞を複合語または語群で隠喩的に表現する技巧）だ。さらにこの企画文の前半は対句的構成をとっており、後半では漸層法（力強い文句を次々に重ねて文調を高めて行く修辞法）が目立つ。このように実用文へもそれとは知らぬうちに修辞術の軍勢が大挙してまぎれ込んでいるのである。そしてくどいようだが、「銀河系の小さな蒼い星」という句に、〇・〇〇五秒ほど立ち竦み（すなわち透明度はぐんと落ち）、すぐに「あ、地球のことか」と謎ときをし、言葉や文を実感しつつ小さな快感をおぼえ、「そうか、地球は小さな星なんだな。大事にしなくては」と思うこと、こういう小さな、しかし素速い脳の働きが、文を読む、ということなのだ。実用文は文章意識を伴わない透明な文章でなければならない、などと軽々しく揚言してはならぬ。

　実用文の最右翼のひとつに、法廷で用いられる文章のあることは疑いを容《い》れない事実だ。たとえば無味乾燥の代名詞のような検事の冒頭陳述にどう修辞術が用いられているだろうか。浪人中の若者が両親を撲殺した金属バット殺人事件の検事冒頭陳述全文は、総字数九千三百四十五字、四百字詰原稿用紙にして二十四枚弱にもなり、全文の引用などできない相談だが、字面《じづら》だけを追えばこの上なく地味であっても、気をつけて読むと、誇張に婉曲、緩叙に列叙、それから迂言に冗語法と修辞術が総揚げされているのがわかる。陳述書の目的は裁判官に己れの論理を訴えることにあるから、修辞術で論理を鎧《よろ》おうとするのは理の当然だろう。なおここでおもしろいのは、陳述書に直喩が極端に少いという事実である。

（被告人一柳展也《のぶや》は家出をしたことがあるが）その間、被告人の両親や兄は、八方被告人の行方を探し、(1)夜も眠れぬくらいひたすら被告人の身を案じ、被告人が無事帰ることを祈って駅で終電車まで待つなどして心配していた。（傍線井上）

（犯行の夜、被告人は財布から金を盗《と》ったと疑われ、両親に面罵《めんば》される）……母から「あんたにはあきれたわ」と信じてもらえず、父もまた、「お前なんか出て行け」「もういい」と被告人を(2)見限るように強くしっ責した。

（犯行の翌朝）……前夜母親に「明朝七時に起こしてほしい」旨《むね》の伝言を書いたメモ（被告人自身が前夜書いたもの）を食堂のテーブルの上に置いてあったことから、(3)あたかも母から起こされることなく目をさましてはじめて本件凶行を知り驚いて隣家に急報したように装うこととし、同日午前九時三分ころになるのをまって、パジャマ姿のまま西隣の林重雄方にかけ込み、同人の妻に、「おやじとおふくろが血だらけになっている」と告げ、右林重雄をして一一〇番通報させた。

二十四枚もの長文の陳述書なのに、直喩、あるいは直喩的表現は、わずかの三つである。そういえば、催促文にも直喩は皆無だった。番組企画書には隠喩は豊富だったが、しかしやはり、「……のような」「……みたいな」「……に似た」「……にそっくりの」「まるで……の」といった型で導かれる直喩、これが一つもなかった。これはいったいどういうことか。

山下清の作文や放浪日記は、彼自身にとっては実用文の一種であった。『裸の大将放浪記』（ノーベル書房）の監修者の式場俊三はそのへんの事情を、《清の手記もまた、すべて保護者である八幡学園の先生に読んでもらうためのものであった。作文は課題であり、追想日記は就寝前の夜業として書かされた。（略）ノートで二頁《ページ》、あるいは半紙一枚にびっしり書きこむのがノルマだっただけのことであった。》と説明しているが、実用文だから直喩はほとんどない。いま、『裸の大将放浪記』全四巻を机上に積み上げ、目隠しをしてぱらぱらと頁をめくり「直喩、直喩、直喩」と三回唱え、唱え終ったときに開かれていた頁を書き写すことにしよう。もしその頁に直喩があったら、死んでお詫《わ》びをする。直喩、直喩、直喩……。開かれていたのは第四巻の一〇九頁だ。

朝になって　おきて歯をみがいている時　おばさんがぞうきんがけをしていて　その時おばさんのひざとひざの間から腰巻きが見えて　腰巻きからおまんこが見えていたので　おまんこはめったに見られないから珍しいので　おまんこを少し見ていたら　おばさんがおまんこをかくしてしまったので　ひざとひざとの間からおまんこが出たのを思い出すと　おかしくなってしまった

朝飯がすんで　外へ行って　絵に色をぬっていたら　しばらくたって小雨が降って来たから家の中へ入って絵に色をぬりながら　おばさんと話をした　おばさんは下に腰巻きはいていていてずろーすははいていないので　ふるまるだから　こんな話をするとおばさんは何と言うかと思って　おばさんと話をして
「おばさんはずろーすはいているか　はいていないか」
と言ったら　おばさんが
「ずろーすははいている」と言われたので
「今朝おれが歯をみがいている時　おばさんがぞうきんがけをしていて　ひざとひざの間からおまんこが見えた　それでおばさんはずろーすははいていない」
と言ったら　おばあさん(ママ)が
「そんな話はしちゃいけない　ふつうの話をしろ」
と言われておばさんが笑っていた

やはり直喩は一個もない。全四巻で直喩といえば、「おばさんは汽車時計のようです」「藁《わら》の積み方は家を作っているようです」「色々の虫が鳴くので虫のがくたいと同じです」など、十指で充分に用が足りるのである。

陳述書に戻《もど》って傍線部分を見ると、そこにある定型の存在することがわかる。⑴では、両親や兄は心配したものの、事実としては夜は眠ったのである。ただ、心配したことを強調するために、「夜も眠れぬくらい」と表現したのだ。(2)も同じ、両親は被告人を真実見限ったわけではなかった。ただ「見限った」と嘘《うそ》の表現を行って息子を叱《しか》ったのだった。(3)では、傍線部分はそっくり嘘である。ここまで書けば読者諸賢の慧眼《けいがん》は、「直喩とは、書き手が読み手に事情をよりよく、明瞭に伝達するために、もうすこし大袈裟《おおげさ》なものに、真実や事実をたとえていうことだな」

とお見抜きになったはずである。その答は正しい。直喩の基本的なところを衝《つ》いている。「Aのような甲」「Bそっくりの乙」「まるでCのような丙《へい》」という場合、Aと甲、Bと乙、Cと丙との間になんらかの類似点はあるが、しかしABCは甲乙丙よりいくらかは大袈裟である。すくなくともABCは甲乙丙とズレる。実用文では、事実と文とが同一である、というのがタテマエだから、直喩を寄せつけようとしないのだ。実用文は文章意識＝修辞術を容れないのではない、むしろ修辞術のよいお得意なのだ、ただ、直喩だけは嫌《きら》うのである。小林説は書き替えられる必要があるだろう。

三

まことに、修辞意識の働いていない文章などありえない。そのことはさまざまな実用文を引き合いに出してたしかめたばかりのところだが、復習すれば、修辞意識はほんの一瞬、文章を濁らせる。ちなみに発語のときの単位時間はミリセカンド（一ミリセカンドは千分の一秒）だという研究がある（クロード・シャノン）。話しコトバでは、われわれは千分の一秒の差異を聞き分けるらしい。これが文章の読み取りになると約十倍もの時間を要するそうだ。とはいえそれでも僅《わず》かの百分の一秒。つまり修辞意識は最低百分の一秒は文章を濁らせるのである。読者を、「おや？」「はて？」「うむ？」と立ち止まらせる。抵抗感を抱かせる。この抵抗感がじつは多段式ロケットの噴射装置と同じ作用《はたらき》をして、読者を前へ推し進めて行くのである。――という次第で「透明度の高い文章ほど名文である」は迷信の最たるもの、と断じてもよかろうと思う。

　求人広告の文章は短い。だがどんなに短かろうと、それが文章であるかぎり、修辞意識によって支えられていることは論をまたない。「日刊アルバイトニュース」（昭和五十六年二月六日号）や「週刊就職情報」（二月一三日号）からいくつか実例を拾ってみよう。

(1) やる気次第で社長になれる／男子営業正社員　免許不要　高卒上　四二才まで／株式会社タイヨー（食品家電商社）

(2) リンゴをかじるように、仕事をかじれ。大胆にまるごと！／エイエヌアート（デザイン・写植・版下・印刷工房）

(3)花開けば万人集まり花尽くれば一人無し！／未知の一歩には勇気がほしい！　人は(4)水商売とは言うけれど、(5)キャバレーの店長に貴男は果してなる事ができるだろうか？　十年とは言わない、二年頑張ってほしい。その問いに答はでる筈だから……（未経験の方大歓迎）／(6)花にも色々あるがキャバレーの花もいいものだ。(7)我々は不況こそチャンスとして水商売を土台に総合レジャー産業にチャレンジし続けています。我々は若い！(8)若いから何でも可能なのだ！　お気軽に御連絡下さい。／二十五才まで／伊豆レジャー産業株式会社

コンピューターに使われる人間に(9)なりたくない人／東洋トータリゼータ株式会社（じっはコンピューター関係の会社）

専務・常務・部長は(10)全員、中途入社した者ばかりです。／あなたにも平等のチャンスがあります。／太陽食品（問屋）

(11)愚公山を移す――誠をもって倦まずたゆまずにやれば、なにごとも成し得ることができる、といいます。／「転職」はまさに人生の転機。迷い、惑いが胸の中でうずまくのは

当然です。しかし、自分の信念を持って転職にあたれば、必ずや自分を生かせる職が見つかり、将来の成功者と成り得ます。長期的な展望を持ち、大きな飛躍を願う——(12)いなげやは、そのような方に次代を担っていただきたいと考えています。／スーパー・マーケット・チェーンいなげや

（1）を諷喩《ふうゆ》（寓話《ぐうわ》やたとえ話の技法）の一種と解しても修辞学の先生から叱られることはあるまい。「やる気があればたとえば社長にだってなれる（＝しかし、やはりそれは『たとえばの話』であって、じつはなれない。だが、一所懸命に働けば重役にはなれます）」と広告文は言っているようだ。（2）は直喩、（3）は対句の修辞法を踏んまえている。（4）は提喩（全体を部分で、逆に、部分を全体で代表させる）と見てよい。待合、料理店、バー、キャバレー、喫茶店、タクシーなど、それぞれ職業としてさまざまな局面（＝部分）を持っている。だが、われわれはそれらの中から「客まかせで、流れ行く水のように収入が不確定である」という一局面＝一部分だけを大きく取り上げて「水商売」というのである。もっともここは隠喩と受けとることもできるけれど。（5）修辞疑問、疑問文形式を使うことで「いいえ、疑問の余地はない。二年たったら貴男はきっと店長になれる！」とその意味を強めているのである。（6）は「ＯＬ＝職場の花」という隠喩にならって「ホステス＝キャバレーの花」としたもの、（7）は逆説的言い方（不況こそ好機）ではじまって、頓続《とんぞく》法（のぼりつめて絶句

してみせる）で終り、さらに全体に漸層法（だんだんと高めて行く言い方）を仕掛けている。そして(8)は、初期の夏目漱石が愛用した前辞反復法（尻取《しりとり》文）である。伊豆レジャー産業株式会社の宣伝部は、一人合点なところはあるものの（たとえば(3)は舌足らず）、なかなか巧者だ。この会社はひょっとしたら伸びるかもしれない。

(9)は緩叙《かんじょ》法ともいうべきもので、控え目に（この場合は否定法で）述べて効果をあげようとしている。がしかし広告主がコンピューター関係の会社だと知った瞬間に、逆説的印象が生じる。(10)は誇張法（いくらなんでも会社の幹部が全員、中途入社した者、ということはあるまいと思うので）、(11)は引喩、そして(12)は擬人法である。なお、「長期的な展望を持ち、大きな飛躍を願う方に……」と続くはずのところを、「大きな飛躍を願う」で切って、ダッシュ「——」を挿入《そうにゅう》するあたりは芥川龍之介《あくたがわりゅうのすけ》流だ。

　たったいま筆者は「……ダッシュを挿入するあたりは芥川龍之介流だ」と書いたが、このダッシュも文章に抵抗感（不透明さ）を持ち込む。ダッシュのこの性格はその出自から来ているもので、大類雅敏《おおるいまさとし》（一九三六〜）の『句読点活用辞典』（栄光出版社、昭和五十四年）によれば、《to dash に由来する。その意味は、強く打つ（砕く）こと。突然に、または激しく投げること。ここから、不用意に投げ込むこと。さらに、不用意に、または突然書くこと。不用意に、または突然に頁に挿入すること……》だという。すなわち突然、文章に割り込んできて話の筋を中断するのがこの補助符号の持って生れた性格だが、これを芥川は作家的生涯の全期間にわたって偏愛した。彼の全作品にダッシュが跳梁《ちようりよう》する。ダッシュの見当らぬのは『蜘蛛《くも》の糸』に、『きりしとほろ上人伝《しようにんでん》』に、『糸女覚え書』ぐらいなものである。この事実はそのまま芥川の文体にたいする考え方を物語っているが、ここで念のために、彼の文体のその他の癖を例挙してみよう。どなたも御存知のところでは副文止めがある。

――かうなれば、もう誰《だれ》も哂《わら》ふものはないにちがひない。／内供《ないぐ》は心の中でかう自分に囁《さゝや》いた。長い鼻をあけ方の秋風にぶらつかせながら。（『鼻』）

と言つたが、今度は突然、当時の作者仲間の事を話し出した。やつぱり細い銀の煙管《きせる》を、うすい唇《くちびる》の間に啣《くは》へながら。（『戯《げ》作三昧《さくざんまい》』）

僕はこの本屋の店を後ろに人ごみの中を歩いて行つた。いつか曲り出した僕の背中に絶えず僕をつけ狙《ねら》つてゐる復讐《ふくしう》の神を感じながら。……（『歯車』）

横文字の頻発《ひんぱつ》も芥川の文体の特徴で、実例は枚挙にいとまがないが、紙幅の都合で一例をあげるにとどめておく。

トゥルゲネフはトルストイの眼に、挑戦的な光を見ると、思はずから金切声を出した。

「Il est tombé comme pierre, je t'assure!」

「しかしドオラが見つけない筈はない。」

この時幸ひトルストイ夫人が、二人の翁《おきな》に笑顔を見せながら、さりげない仲裁を試みに来た。

（『山鴫《やましぎ》』）


第三に、作品中に作者が顔を出し、あれこれと説明批評を行う癖。これも一例だけで、他は割愛しなければならない。


作者はさつき、「下人が雨やみを待つてゐた」と書いた。しかし、下人は雨がやんでも、格別どうしようと云ふ当てはない。ふだんなら……

（『羅生門《らしょうもん》』）


そして例のダッシュへの偏愛。しかも芥川はダッシュに、さらにひねりをかける。


私は矢庭《やには》に遣戸《やりど》を開け放して、月明りのとどかない奥の方へ跳りこまうと致しました。が、その時私の眼を遮《さへぎ》つたものは——いや、それよりももつと私は、同時にその部屋の中から、弾《はじ》かれたやうに駈《か》け出さうとした女の方に驚かされました。

（『地獄変』）

ダッシュの闖入《ちんにゅう》によって文字の列は中断され、読者は一瞬うろたえる。しかもダッシュの次は「――いや、」「――さう云ふ事ではございません」「――尤《もっと》も」「――けれども」「――しかし」「――然《しか》れども」……と逆接し、逆転することがじつに多く、読者に加えられてくる抵抗感はずいぶん大きい。これに副文止めやら横文字やら作者やらが次々に顔を出すから、抵抗感は三倍になり、四倍にもなる。

「そういうところが厭《いや》だねえ」

と膝《ひざ》を乗り出させになる読者がきっと多かろうと思う。そしてその中の幾人かは、

「だから芥川の文章は、文章意識をいつも感じさせ、胃にもたれるのだ。どうも作り物くさいという印象を受ける。そこへ行くと志賀直哉の文章の透明で、すがすがしいことは、どうだ。志賀直哉の文章ならいくら読んでも、もたれることはない」

と芥川が尊敬しつづけていた大作家の名前をお挙げになることだろう。そういえば谷崎潤一郎の、《故芥川龍之介氏は此《こ》の『城の崎にて』を志賀氏の作品中の最もすぐれたものの一つに数へてゐましたが、》（『文章読本』）という証言もある。谷崎読本を筆頭にたいていの文章教科書が、名文中の名文として称讃《しょうさん》を惜しまぬ『城の崎にて』に、当の芥川が参っている。ということはやはり「読む側に文章というものの存在を感じさせないで、筆者のいわんとする内容だけがじかに伝わって来る」文章が名文なのだろうか。尻尾《しっぽ》を巻く前に『城の崎に

て』をゆっくりと読んでみよう。

或《ある》朝の事、自分は一疋《ぴき》の蜂《はち》が玄関の屋根で死んで居るのを見つけた。足は腹の下にちゞこまつて、触角はダラシなく顔へたれ下がつて了《しま》つた。他の蜂は一向冷淡だつた。巣の出入りに忙しくその脇《わき》を這《は》ひまはるが全く拘泥《こうでい》する様子はなかつた。忙しく立働いてゐる蜂は如何《いか》にも生きてゐる物といふ感じを与へた。その脇に一疋、朝も昼も夕も見る度に一つ所に全く動かずに俯向《うつむ》きに転がつてゐるのを見ると、それが又如何にも死んだものといふ感じを与へるのだ。それは三日程その儘《まゝ》になつてゐた。それは見てゐて如何にも静かな感じを与へた。淋《さび》しかつた。他の蜂が皆巣に入つて仕舞つた日暮、冷たい瓦《かはら》の上に一つ残つた死骸《しがい》を見る事は淋しかつた。然《しか》しそれは如何にも静かだつた。

強烈に「文章」を感じる。難解な抽象語を一切使わない、語彙《ごい》を基礎語に限る、比喩《ひゆ》や色彩語はなるべく用いない、装飾を加えない、文の構造を単純にする、そしてそれを積み重ねる……、こういった自己規制を厳守しつつ文を整えて行くこと、これが文章意識でないとしたら、一体、何を指して文章意識といえばよいのか。さらに引用の三百余字のうちに、「如何にも」が四回、「それは」「感じを与へ」がそれぞれ三回、「静か」「忙しく」「淋しかつた」「全く」が各二回、そして「見る」にいたっては五回も繰り返えされているのだ。これはくどい。芥川よりもたれる。ただしこの同語反復によって感傷詩の律動が起ろうとしている。相当な文章意識だ。もっと注目してよいのは、底を流れる修辞法の逞《たくま》しさである。ここでは接続語を抑えて文意を強める技法、連辞（等位接続詞）省略が全体を支配している。読者は、文と文との間に連辞がないので、一回ごとに文と文との隙間《すきま》に落っこちてしまうのだ。読者にこれほど強い抵抗を示す文体があっただろうか。志賀直哉の文章を指して「反修辞学的な名文」（吉田精一）とほめるのが礼儀とされているらしいが、とんでもない、この作家はレトリックの名人なのである。じつに修辞法の大親玉だ。芥川に負けない技巧を持ち合せていて、たとえば『小僧の神様』の結尾を、暗示的看過法（主題の重要事実を省略または看過するように見せかけておいて、じつはそれについてたっぷり喋《しゃべ》ってしまっているという技巧）という奇策で締めくくる。

作者は此処《ここ》で筆を擱《お》く事にする。実は小僧が「あの客」の本体を確めたい要求から、番頭に番地と名前を教へて貰《もら》つて其処《そこ》を尋ねて行く事を書かうと思つた。小僧は其処《そこ》へ行つて見た。所が、其《その》番地には人の住ひがなくて、小い《ちひさ》稲荷《いなり》の祠《ほこら》があつた。小僧は吃驚《びつくり》した。――とか云ふ風に書かうと思つた。然しさう書く事は小僧に対し少し惨酷《ざんこく》な気がして来た。それ故《ゆゑ》作者は前の所で擱筆《かくひつ》する事にした。

「前の所で擱筆する事」など全然していないのである。「――とかう云ふ風に書かうと思つた」ばかりでなく、ちゃんと書いてしまっているのである。こういう技巧派に修辞意識がなかったなどと、とても信じる気にはなれない。というわけで、いかなる文章にも、それが文章であるかぎりレトリックの力が働いているのである。そこで文章を書くにはレトリックのレ字ぐらいは承知しておく必要があるが、もはや紙数が尽きたので、筆者は此処《ここ》で筆を擱《お》くことにする。実は、もういちど話を比喩に限定して、「新しい、よい比喩は世界に対する見方を再編成する」ということを書こうと思っていた。つまり人間は現実世界をよりよく知り、より扱いやすくし、より生きやすくなるように、比喩を使うのだ。枕詞《まくらことば》の「垂乳《たらち》ねの（母）」は、母の一部分で母をまるごとあらわす提喩である。「遠《とほ》つ人（雁《かり》）」は、遠つ人も雁も稀《まれ》に（年に一度）しか来ない、という現実を確めて出来たものだろう。この延長上に、たとえば「宇宙船地球号」という比喩がくる。地球を宇宙船にたとえたとき、「大地のように動かない」といった式の比喩は古くなり、この大地を、地球を「難破させるようなことがあってはならない」という新しい現実認識が生れる。このように比喩は生きる指針にもなるのであり、そこに気がついたからこそ、いま世界的にレトリックが見直されているのだと思うが、なにせこれは重大な主題であるから軽々しく扱うわけにはいかぬ。それ故筆者は前の所で擱筆することにしたのである。――とこれは志賀直哉にならった暗示的看過法である。

文《ぶん》間《かん》の問題

一

「文間」とは、熟さない語である。気になって日本国でもっとも大部《たいぶ》であると評判の『小学館版・日本国語大辞典』にお伺いを立ててみた。案の定、載っていたのは「文官」「分間（測量のこと）」「分管」「分監」、そして「分館」の五語だけ、お目当の「文間」は見当らない。

こうなれば自分で定義をくだすしかなかろう。「文間」とは「前の文と、次の文との、間のこと」である。語と語が繋《つなが》って句となる、句に句が加わって文となる、そして文に文が積み重なって文章となる。とすれば、その積み重なり方こそ肝腎《かんじん》で、単純に言ってしまえば、文章というものは《n個の文と、n—1個の文間とで出来上っている》のである。すなわち文間は、文と同じぐらい大事な文章要素である、と言ってよい。それほどの重大事をこれまでの文章読本や文章術入門書は、なぜ等閑視してきたのだろうか。

「やはりそれほど重大なことがらではなかったからだろうよ」

とおっしゃる向きもあるかもしれぬが、それでは話の筋がここで切れてしまう。文間が大事か大事でないか、拙文をお読みいただいてから御判断くだされればありがたい。
筆者の知るかぎり、これまでこの文間の問題に言及しているのは、例の、ソシュール言語理論の紹介者にして飜訳者の小林英夫と鶴見俊輔《つるみしゅんすけ》の二人だけである。

文法学的にいいますと、判断の言語的表現である文がいくつも重なり合って進行していくのが、われわれの談話であり、また文章なのですが、それらの文と文との関係の仕方――これをまず観察することから文体の研究は手をつけねばなりません。そうした観察を私は前々から文間文法と呼んでいるのです。／さきに私は「接続詞」といいましたが、日本語のばあい、文間の関係の表現はむしろ他の文法的手段に訴えることが多いのです。たとえば／これをしてから、それをする／のような工合です。ですから接続詞というより、もう少しばくぜんと「接続語」ととなえた方が適切です。／こうした意味の接続語を愛用する人と、しない人とあります。二つの語または文の間に接続語を渡すことは、それらの関係の存在とその関係の種類とを明示することであって、他人の理解を容易にしようという気配りのあることを示しています。芥川竜《ママ》之介などは接続語愛用家の代表ですし、『武蔵野《むさしの》夫人』の作者などは、その反対です。

（小林英夫「文体」。大月書店刊『講座日本語Ⅵ　国語と国字』所収。昭和三十一年）

（ある文章教室で、生徒の書いた書評を講評しながら）……というところは、モタモタしていて、これは抜いたほうがいい。次のパラグラフへの飛躍がはっきりします。／これは文間文法の問題です。一つの文と文との間をどういうふうにして飛ぶか、その筆勢は教えにくいもので、会得するほかはない。その人のもっている特色です。この文間文法の技巧は、ぜひおぼえてほしい。／文間文法の駆使のものすごくうまい人がいます。作家のなかでもうまい下手があって、スターンなんかは文間文法の達人です。一つの文章から他の文章に移るときに、また一つの文節からもう一つの文節に移るときに、なんともいえない快感がある。太宰治《だざいおさむ》もうまい、スーッと行く感じがあります。／一つの文と文との間は、気にすればいくらでも文章を押し込めるものなのです。だから、Aという文章とBという文章の間に、いくつも文章を押し込めていくと、書けなくなってしまう。とまってしまって、完結できなくなる。そこで一挙に飛ばなくてはならない。……

（鶴見俊輔『文章心得帖』潮出版社刊。昭和五十五年）

文間の問題の半分は、どうやら接続詞のことらしい。小林英夫の言い方を借りれば「接続語」、いっそ思い切って江戸後期の宣長《のりなが》門下の国学者鈴木朖《あきら》（明和元／一七六四～天保八／一八三七）の「詞《ことば》に先たつてにをは」、それでもなければ鈴木朖と同時代の蘭学者《らんがくしゃ》たちの用語である「接続言」を持って来てもよいけれど、筆者はこの接続言的なものに格別の興味を抱く。なぜなら言語（話し言葉と書き言葉）の本質を窺《うかが》うのに、接続言ぐらい恰好《かっこう》なものは、そうざらにはないからである。では、言語の本質とはなにか。たとえば、たしかに存在しているものを、言葉はその働きによって巧妙に隠してしまうことができる。渋沢栄一日記に、ある時期、じつにしばしば「真砂《まさご》町の一友人を訪《おとな》ふ」という記述があらわれる。国文学者の吉田精一は「真砂町の一友人」とは何者か、苦心して調べ上げた。するとそれは政界の黒幕でも、また実業界の実力者でもなく、渋沢栄一の妾《めかけ》であったという。五百余に及ぶ会社を設立したこの大実業家は、日記の上では妾という存在を消してしまっていたのである。赤穂《あこう》浪士たちは謀《はかりごと》の洩《も》れるのを防ぐために、吉良上野介《きらこうずけのすけ》を「卜一《ぼくいち》どの」と呼んでいた。「卜一」は上野介の「上」の字の、字喩《じゆ》である。字喩の助けをかりて浪士たちは、談話や手紙の中では、上野介という老人を消してしまったのだ。このあいだ筆者は、汚職の前科のある商社に、友人をたずねた。昼どきだったので、社員食堂へ行った。食堂は会社訪問の大学生で混んでいた。さて、そのときスピーカーがこう言ったのである。「オショクジケンの皆さんは三番カウンターの前においでください」。食堂内は一瞬、鎮《しず》まりかえり、やがて白い食券を手にした大学生たちが三番カウンターに集まるのを見て、あちこちがどよめいた。「お食事券」という音が、そこにもはや存在するはずのない「汚職事件」関係者を、一瞬、存在せしめたのだ。『寳石筥《ほうせきばこ》』（読売新聞社刊。昭和五十六年）に、こんな投稿が載っていた。

「ダスキン」という会社のライトバンには、その販売地区別に、「ダスキン江東」とか「ダスキン城西」とか書いてある。では、多摩地区は、やはり「ダスキン多摩《タマ》」と書いてあるか、見た人は教えてほしい。

（八王子市・偉大なバンドマン）

筆者がさきごろ仙台市で小耳にはさんだところでは、ダスキンは宮城県への進出を渋っているらしい。玉造郡というのがあるからだ。たしかに「ダスキン玉造《タマツクリ》」では困るだろう。将来予想され得る一個の複合語の怪しい響きが（噂《うわさ》が正しいとすればだが）会社の進出を阻《はば》んでいるわけで、このように言葉は現実に存在するものを消したり、思いがけないものを浮び上らせたりするのである。

もっともここまでは笑い話のたぐいであって、心を入れかえて言うならば、言語のもっとも注目すべきところは、《事実の世界に存在しないものごとについても語り得る》ということにあるだろう。たとえば、事実の世界には否定がない。曇り空。事実の世界では、曇り空は曇り空、曇り空以外のなにものでもない。しかしわれわれは、「晴れていない」、あるいは「雨ではない」と、否定を用いて表現することができる。さらには、「曇っていないこともない」というふうにも言える。三浦つとむの用語を拝借するなら、言語には「超感性的」なところがある。そこで事実の世界を離れて言葉だけの王国を朝飯前で築く。言語による芸術芸能がみなここを踏んまえていることは付言するまでもないだろう。

接続言もまた事実の世界にはないものの代表である。人間の内部にしかなく、しかもやがて事実の世界を動かす。名詞や動詞などは事実の世界と人間の内部とに跨《またが》っているけれど、接続言はまったくその出自がちがう、事実の世界になにひとつ対応するものがない。人間の思考を導き、推し進めるためにのみ、それはある。だからどうしても興味を持たざるを得ないのである。

散歩の途中、道に札入《きつい》れと犬の糞《ふん》が並んで落ちているのを見つける。「道の上に、札入れと犬の糞」、これが事実の世界である。札入れも犬の糞も感性的なもの、目に見える。お望みとあれば触ることもできる。気が向けば匂《にお》いを嗅《か》いでもよい。しかしたいていは道に立ったままこう考える。

札入れ及び犬の糞がある
札入れに興味があるしかし犬の糞はどうでもよい
札入れを拾うか或いはこのまま行き過ぎるか
拾ってもさてそれからが問題だ
金はほしいが猫糞《ねこばば》はいやだ
それでは泥棒《どろぼう》ではないか
それに人が見ているかもしれない

けれども交番に届けるのも億劫《おっくう》だ
ようするに見つけなかったことにすればよい
とはいうもののどこかで見たような札入れだ
さてさておれの札入れではないか
そういうことなら拾わにゃなるまい
それにしてもおれもボケものだな

「及び」「しかし」「或いは」「さて」「が」「それでは」「それに」「けれども」「ようするに」「とはいうものの」「さてさて」「そういうことなら」「それにしても」は、道の上にはない。札入れと犬の糞を睨《にら》んで思案している人間の頭の中にあって、思考を継承し、ときには屈折させ、転換させるのである。

人によく知られた名言には接続言が重要な働きをしていることが多い。デカルトの「我思う、故に我あり」(Je pense, donc je suis.) も、パスカルの「人間は自然界で最も弱い一もとの葦《あし》にすぎない、しかしそれは考える葦である」(L'homme n'est qu'un roseau le plus faible de la nature, mais c'est un roseau pensant.) も、その思考の過程を接続言で支えられている。またハムレットの第三独白冒頭の名句「生きるか死ぬか、それが疑問だ」(To be, or not to be : that is the question.) は、二つの接続言を持っている。「:」(コロン) は、

「……〈and, but〉などを言外に含める場合が多い。〈即《すなわ》ち〉といった意味の語とともに用いることもあるが、意味だけで、その語を用いない時もある」（研究社版『英語学辞典』）というから、接続言の仲間に加えてもよかろう。そこで「or」と「∴」で二つと言ったわけだ。

三段論法は演繹《えんえき》推理の一種であるが、これは生易《なまやさ》しい言い方であって、伝統論理学では、《三段論法＝全論理体系》といってもいいぐらい詳しく究められた。「甲は乙なり。乙は丙《へい》なり。故に甲は丙なり」という単純素朴《そぼく》な推理からはじまって、ついにこの論法は神まで創《つく》り出してしまう。たとえばカンタベリーの聖アンセルムスはこう考えた。

「まず二つのもの甲と乙とを考える。甲はもっとも偉大にして存在を含まない。そして乙はもっとも偉大にして存在を含む。さて甲と乙とをくらべてみる。すると存在を含まない分だけ甲は乙に劣る。じゃによって甲は真に偉大ではない。ところで〈神〉とは、考えられるかぎりもっとも偉大なものを指す言葉である。したがって神とは乙のことである。しかるに乙は前提によれば存在を含む。故《ゆえ》に神は存在する」

聖アンセルムスは接続言をまるで手品師のように巧みに使いこなした功績により、やがて「スコラ哲学の父」と呼ばれることになった。カントが、やはり接続言を駆使して、

「そうはいうものの、美女を頭にうかべて、それをどのように精密に分析してみても、現実にその美女がいるということにはなるまい。すなわち概念の分析そのものからは、その概念のさし示す対象が実在するということは証明できぬ」

と論破するまで、聖アンセルムスは「父よ」と呼ばれつづけたのである。十九世紀のなかばに至ってイギリスの数学者ブールが論理代数をつくりあげて論理学を記号化し、伝統論理学を駆逐したが、この新しい記号論理学でも接続言は中心的役割を担《にな》っている。入門者に最適といわれるゲンツェンのNK法には論理記号が六個あるが、うち三個は接続である。すなわち、

∨　……かまたは……

∧　……でありまた同時に……

⊃　……ならば……

このように人間の思考の営みは、接続言に支えられているところが多い。そういえば、接続詞は幼児の言語発達の最終段階で獲得される、という報告もあった。永野賢《ながのまさる》によるその報告「幼児の言語発達について」（『国立国語研究所論集①』所収。昭和三十四年）は、終助詞的な用法はかなり早くから身につくが、文と文とを接続する用法はおそくまで固定されない、という。たしかにそのとおりにちがいない。文と文の接続は論理の操作だからむずかしい。また報告は、順接のもののほうが逆接のものより習得が早い、ともいう。これもわかる。思考の継続は（つまり順接は）、思考の反転（逆接）よりも易しいはずだからである。

　さきごろ、八十四歳で世を去ったピアジェも、子どもが自宅付近を鳥瞰《ちょうかん》で地図が描けるようになると、だいたいにおいてその子どもは接続詞の用法についての理解が行き届くように

なっている、と言っていた。べつに言えば、自分を、そして自分のいる事実の世界を客観化する力と、接続言を使いこなす力とはセットになっているのである。筆者は接続言を持ち上げすぎたきらいがないでもないが、じつはこれには理由がある。先行の文の意味を引き受けながら、次の文との間に立って、論理を継続させ、また逆転させ、ときに対比させ、ときに累加《るいか》することを予告もするこの思考の操舵手《そうだしゅ》が、文章入門書の著者にはどうも評判がよくないのだ。接続言こそ言語の超感性的面の代表、それなのに悪い評判が立つとは可哀想《かわいそう》に、と思い入れて、つい肩に力が入ってしまうのである。

文章の理想は気品と格調にある、とした三島由紀夫は次のようにいう。

……いま書いた「それから」もその一つですが、「さて」とか「ところで」とか「実は」とか「なんといつても」とか「とは言ふものの」とか、さういふ言葉を節の初めに使つた文章は、如何《いか》にも説話体的な親しみを増しますが、文章の格調を失はせます。大岡昇平氏は、ほとんどこの種の言葉を行の初めに使はず、主語からはじめてぶつきら棒な、かつ明晰《めいせき》な効果を出してゐます。

（『文章読本』）

ほかに大隈秀夫《おおくまひでお》と千早耿一郎《ちはやこういちろう》の両氏の著書からも引用させていただく。

……接続詞は使わなくてもすむ場合が多い。文章が冗漫になったり、ギクシャクしたりする一つの因に接続詞の多用があることを知ってほしい。

（大隈『文章の実習』日本エディタースクール出版部刊）

接続詞は、安易に使ってはならない。最近の接着剤はなんでもくっつけるが、接続詞は接着剤ではないのである。

（千早『悪文の構造』木耳社）

三人とも、文間はできることなら接続言なしで明けておくがよい、それが文章技巧というものだ、といっている。では（とこれも接続言である。いったいに筆者は接続言を多発する傾向があるようだ）、接続言のある文間とそれなしの文間とは、どこがどうちがうのだろうか。

二

たとえば、物語性や叙事性には、文間の余白が関係してくる。接続言なしに、文や句がぽきりぽきりと無技巧に並べられ、文間の余白が深く抉《えぐ》られ広くひろげられるとその文章は自然に叙事性を獲得しはじめるのだ。この深く広い文間の余白は、神話や昔ばなしや原《ウル》民話で、すでにわれわれにも馴染《なじみ》のふかいものである。

船越《ふなこし》の漁夫何某《なにがし》、ある日仲間の者と共に吉利吉里《きりきり》より帰るとて、夜深く四十八坂のあたりを通りしに、小川のある所にて一人の女に逢《あ》ふ。見れば我妻なり。されどもかゝる夜中に独此辺《ひとりこのあたり》に来べき道理なければ、必定化物《ばけもの》ならんと思ひ定め、矢庭に魚切庖丁《ばうちやう》を持ちて後の方より差し通したれば、悲しき声を立てゝ死したり。暫《しばら》くの間は正体を現はさゞれば流石《さすが》に心に懸り、後の事を連《つれ》の者に頼み、おのれは馳《は》せて家に帰りしに、妻は事も無く家に待ちてあり。今恐ろしき夢を見たり。あまり帰りの遅ければ夢に途中まで見に出でたるに、山路にて何とも知れぬ者に脅かされて、命を取らるゝと思ひて目覚めたりと云ふ。さてはと合点《がてん》して再び以前の場所へ引返して見れば、山にて殺したりし女は連の者が見てをる中につひに一匹の狐《きつね》となりたりと云へり。夢の野山を行くに此《この》獣の身を傭《やと》ふことありと見ゆ。

(柳田國男『遠野物語』ノ内ノ百番)

接続言は思考の操舵手である。前の文までの論理を、接続言は次の文へと橋渡しする。それればかりでなく論理を逆転させ、ときには次の論理と対比させたりもする。さらに接続言は、思考の転轍機《てんてつき》であるばかりでなく、語調の鉋《かんな》ともなる。巧みに用いられた接続言はゴツゴツと骨張った語調をやわらかく和《やわ》らげる。接続言を多用すると、文章のすべりがよくなり、速度感が出る。ひっくるめて、要所を接続言でうまく固められた文章では、思考の展開や語調はたいそうなめらかである。だが、一から十までいいことずくめはなかなか望めない。思考の展開や語調がなめらかになるにつれて文間の余白は浅く、かつ狭くなる。読み手はその分だけ、自分で文間の余白を埋めるたのしみを奪われてしまうのだ。

すでに引用した原《ウル》民話に接続言はない、とまでは云えないが、しかし極力抑えられている。そのせいで文のひとつひとつが屹立《きつりつ》しており、文間の余白は広く、深い。別に云えば、文はそれぞれどさりどさりと投げ出され、並列している。「夢で野原や山道を行くときは、しばしば狐のからだを借りてそれが具現される」という主題は、遠野から吉利吉里にかけての人びとにとっては真実である。事実ではないのに真実だということは、よくあることなのだ。真実であるから語り手は説明や注釈をつけて辻褄《つじつま》を合わせようとは思わない。どさりどさりと文を投げ出して、読み手の心に次つぎに意味の喚起を行わしめればよい。読み手は、与えられた文間の余白を、自分で埋める。読み手は意味と意味とを自分で繋《つな》ぎ、そして新しい意味をつくり、ついには意味に向って行動する主体となる。そここそがたのしい。文間の余白の深く広い、だからこそ叙事性や物語性に富んだ作品を読むたのしみは、くどいようだがここにある。

児童用に書き直された民話の再話ものがおしなべてつまらないのは、文間の余白を埋めることばかりに作業が集中しているせいではないだろうか。再話作業にたずさわる人たちの善意と親切心にはつくづく頭がさがるけれども、原《ウル》民話の文間の余白を書き手は埋めてはならぬ。その文間の余白は「無形文化財」なのだから。ここまで書けばどなたにも察しがおつきだろうが、鷗外《おうがい》や直哉《なおや》の文間の余白もまた深く広い。どちらかの文章をここで引用したいところだが、それではあまりにも曲がない。かわりに野口英世《のぐちひでよ》に宛《あ》てた母シカの、あの有名な手紙を引くことにしよう。シカの手紙の文間の余白は猪苗代湖《いなわしろこ》ほども深く広い。感動はそこに由来する。

おまイの。しせ《出世》にわ。みなたまげました。わたくしもよろこんでをりまする。なかた《中田》のかんのんさまに。さまに《重複》。ねん《で》よこもり《夜籠》をいたしました。べん京《勉強》なぼでもきりかない。いボし《烏帽子》ほわこまりをりますか。おまいか。きたならば。もしわけ《申訳》かてきましよ。はるになるト。みなほかいド《北海道》に。いてしまいます。わたしも。こころぼそくありまする。ドかはやく。きてくだされ。かね《金》を。もろ《貰》たこトたれにもきかせません。それをきかせるト。みな《皆》のれ《飲ま》てしまいます。はやくきてくだされ。はやくきてくだされ。はやくきてくたされ。はやくきてくだされ。いしよ《一生》のたのみて。ありまする。にし《西》さむいてわ。おか《拝》み。ひかし《東》さむいてわおかみ。しております。きた《北》さむいてわおかみおります。みなみ《南》た《さ》むいてはおかんておりまする。ついたち《朔日》にわ　しをたち《塩断》をしております。ゐ少さま《栄昌様》に。ついたちにわ。おかん《拝》てもろております。なにおわすれても。これわすれません。さ《写》しん《真》おみるト。いただいておりまする。はやくきてくだされ。いつくるト　おせ《教》てくたされ。これのへんち《返事》ちまち《重複》てをりまする。ねてもねむられません。

これに反して漱石《そうせき》の文間の空白は浅くて狭い。時には文間がない、とさえ云ってもいいぐらいである。その好例は誰《だれ》でも知っている『草枕《くさまくら》』の冒頭だ。《山路《やまみち》を登りながら、かう考へた。／智《ち》に働けば角《かど》が立つ。情《じやう》に棹《さを》させば流される。意地を通《とほ》せば窮屈《きゆうくつ》だ。兎《と》角《かく》に人の世は住みにくい。／住みにくさが高《かう》じると、安い所へ引き越したくなる。どこへ越しても住みにくいと悟《さと》つた時、詩が生れて、画《ゑ》が出来る。／人の世を作つたものは神でもなければ鬼でもない。矢張り向ふ三軒両隣りにちら〳〵する唯《たゞ》の人である。唯の人が作つた人の世が住みにくいからとて、越す国はあるまい。あれば人でなしの国へ行《ゆ》く許《ばか》りだ。……》と、どこまで書き写しても際限がない。筆を止めるに止められぬ。文間に余白がないせいである。

文間にたっぷりと余白のある文章は感動的だが、『草枕』のこの冒頭のように、まったく隙《すき》のないのも愉快である。尻取《しりと》り構文（言語美学者小林英夫の命名）というのか、ことばがことばを生み、作者の感慨は果てどころなく横滑りしてゆく。すべての意味が作者から与えられているので、読み手は安んじてことばの波に揺られていればよいのである。ここにも別種の読むたのしみがある。このように接続言をまったく使わずに文間から余白を締め出した漱石は、やはり飛切上等の天才だった。とはいうものの、漱石は一方では文間の余白づくりの達人で、接続言のすぐれた使い手でもあった。『坊っちゃん』の掉尾《とうび》にその見事な例がある。

其夜《その》おれと山嵐《やまあらし》は此《この》不浄な地を離れた。船が岸を去れば去る程いゝ心持ちがした。神戸から東京迄《まで》は直行で新橋へ着いた時は、漸《やうや》く娑婆《しゃば》へ出た様な気がした。山嵐とはすぐ分れたぎり今日迄逢ふ機会がない。

清《きよ》の事を話すのを忘れて居た。――おれが東京へ着いて下宿へも行かず、革鞄《かばん》を提《さ》げた儘《まま》、清や帰つたよと飛び込んだら、あら坊つちやん、よくまあ、早く帰つて来て下さつたと涙をぽた／＼と落した。おれも余り嬉《うれ》しかつたから、もう田舎へは行かない、東京で清とうちを持つんだと云つた。

其後ある人の周旋で街鉄《がいてつ》の技手になつた。月給は二十五円で、家賃は六円だ。清は玄関付きの家でなくつても至極満足の様子であつたが気の毒な事に今年の二月肺炎に罹《かか》つて死んで仕舞つた。死ぬ前日おれを呼んで坊つちやん後生だから清が死んだら、坊つちやんの御寺へ埋《う》めて下さい。御墓のなかで坊つちやんの来るのを楽しみに待つて居りますと云つた。だから清の墓は小日向《こびなた》の養源寺にある。

最後の文の上にかぶせられた「だから」には、「日本文学史を通して、もっとも美しくもっとも効果的な接続言」という讃辞を贈りたい。ここでは接続言は思考の操舵手や転轍機であることをはるかに超えて、ばあやの後生をねがう坊さまにまでなっている。「だから」の三文字は百万巻の御経に充分拮抗《きっこう》し得ているのである。

文間の余白に、大雑把《おおざっぱ》に云って三種あることがこれでわかった。ひとつは叙事性や物語性を生む深く抉《えぐ》れた真空である。次は作者の感慨を間断なく横滑りさせて行き読者をことばの波に遊ばせる浅い文間である。そして右の二種に接続言を介在させることが第三。あらゆる書き手たちは、この三種の文間の余白を千変万化させながら文に文を積み重ねてゆくが、この事実にはっきりと目をこらし、積極性をもって文間の空白を自己の個性に合せて工夫した手足《てだ》れが、ずいぶんと多い。いや、きわだった書き手はみんな文間の空白の工夫家だ。たとえば啄木《たくぼく》。

はたらけど
はたらけど猶《なほ》わが生活《くらし》楽にならざり
ぢつと手を見る

三行分けの手法は、ほかにもそうしたかった理由が山ほどあったろうが、ここでの興味に引きつけて云うなら、この手法は文間の空白を明示し、そしてその文間余白が拡大し、縮小するさまを読者に見せた。啄木が短歌を、それまで誰も疑わなかった方法で、縦一行、あるいはせいぜい二行で詠《よ》んでいたら、

きしきしと寒さに踏めば板軋《きし》むかへり廊下の不意のくちづけ

という歌はできたかもしれないが、しかし、

ある日《ひ》、ふと、やまひを忘れ、
牛の啼《な》く真似《まね》をしてみぬ――
妻子《つまこ》の留守に。

というのはできなかったろう。紙幅に限りがあるのでいきなり現代に飛んで丸谷《まるや》才一《さいいち》の『笹《ささ》まくら』。浜田庄吉という男がいる。徴兵忌避をおこなって軍部の追求を逃れながら砂絵師として日本中を放浪したという過去を持ち、いまは私立大学の事務局庶務課の課長補佐をしている。この浜田に課長昇格の話が持ちあがるが、小説は（筆者の数え方では）、二十場面の現在と十八場面の過去との交錯で織りあげられている。そうしてその他に主人公浜田のライバル的存在の西という課長補佐のモノローグが一場面。まず浜田の過去の時間が最初に読者を不意打にする個所を引こう。が、その前にもっと詳しい説明があったほうがよいかもしれない。小説の冒頭で二人の死者のための香奠《こうでん》で浜田は頭を悩ましている。一人は名誉教

授、もう一人は日本中を転々としていたころ一緒に暮していた阿貴子という命の恩人のような存在。ところで阿貴子と最後に会ったのはいつのことだったろう。たしか大学の法学部長が癌《がん》になったというデマが飛んだときのことだった。浜田は課員に聞く。「あれは去年？一昨年？」。課員は「その前の年の秋」と答えて、

「いやあ、あれには参った、参った」と課員がまた笑いながら、「先生、御病気のほうはいかがでございますか、と廊下で訊《き》いたら、ははは、大分デマが飛んでいるようですな、と言うんだから」

「デマとはねえ」と呟《つぶや》いて無理にほほえみながら、浜田は、阿貴子から電話があったのはあの翌日だった、見違えるほど肥《ふと》っていたし田舎くさく見えた、と考えていた。

「ケンちゃん……」と言いかけてから阿貴子は、「あ、つい昔の癖が出てしまう」と笑う。

「いいさ。何も変えることはないもの」と浜田も笑った。修学旅行の中学生たちが、走りまわったり大声でしゃべったりしているので、ずいぶん大きな声を出さなければならない。言葉の調子から推してたぶん熊本の子供たちなのだろう。こんなに大勢が熊本弁で賑《にぎ》やかに話しあうのを聞くのは本当に久しぶりだ。

《……と考えていた。》と《「ケンちゃん……」》との文間に三年近い断絶がある。この断絶は読者には謎《なぞ》である。読者は謎の余白を抱えて読み進む。現在では、浜田の課長昇格が棚上《たなあ》げになり、それどころか富山県の高岡にある附属高校へ庶務主任として出てほしいという話さえ持ち込まれる。理由は？ ある小事件をきっかけに浜田の徴兵忌避が改めて問題になったからだ。その徴兵忌避の過去がさきの引用で見たように、一個の文間の余白を置くだけで次つぎに挿入《そうにゅう》される。いや、挿入という云い方は正しくない。この小説では過去も現在も同等である、共同体（大学や社会や国家）からの、個人の果しなき離脱、日常からの望みなき逃走ということでは。

物語の叙述法には相反する二つの方法がある。ひとつは物語の現在から未来へと筆を進める展望法、もうひとつは物語の現在から一旦《いったん》、過去へ戻《もど》って筆を現在へ進める回顧法だが、この小説では合計三十八個の文間の余白を挺子《てこ》に、展望法と回顧法がみるみる入れかわる。みごとな力業《ちからわざ》だし、読者としては、入れかわるたびに現在と過去における二人の浜田庄吉の運命を思って、常の二倍はハラハラしつづけなければならない。つまり読者は二冊分の饗応《きようおう》にあずかるのである。小説の最後は過去、それも浜田が杉浦健次という変名で（だから引用部分で阿貴子が「ケンちゃん……」と言いかけたのだ）、徴兵忌避者としての第一歩を印すところで終る。

車が淡いたそがれの東京駅に着いた。彼は宮崎ゆきの切符を財布から出し、改札口を通った。さようなら、さようなら。彼は二列に並んでいる長い行列の末尾につき、貧しい身なりの群衆のなかの一人となって待った。さようなら、さようなら。行列が進み出し、駅員が叫び、そして人々は走り、彼もトランクをさげて走った。さようなら。しかしそれが何に対する、どれほど決定的な別れの挨拶《あいさつ》なのかは、二十歳《はたち》の若者にはまだよく判っていなかった。

終る、と書いたが、右の引用をお読みいただけばおわかりのように、じつは離脱と逃走の始まりなのである。読者は再び小説の冒頭へ戻らなければならない。結尾から冒頭への、この逆転した巨大な文間の余白！　『笹まくら』は、文間の余白を巧みに、そしてダイナミックに使いこなしている点でも第一級の小説である。小林英夫や鶴見俊輔の唱える「文間文法」というものが、もし近い未来に編まれることがあれば、この小説は副読本の筆頭にかぞえあげられるにちがいない。

オノマトペ

一

どうもこの『自家製文章読本』は、毎章、型が定《き》まってきたようである。三島由紀夫の『文章読本』の一節をまず枕《まくら》に振って、そこから話の筋を、批判的に、悪くいえば揚げ足とりの戦法をもって、展開するということが多くなってきた。これはそれだけ三島読本がすぐれているということにはならない。立派な文章読本だから、それを手がかり足がかりにということではないのである。三島読本の隅《すみ》ずみにまで立ち籠《こ》めている大衆小説・娯楽小説・読物小説の書き手たちへの意味もない蔑《べっ》視《し》が、読むたびにこっちをいらいらさせるのだ。そこでつい三島読本に突っかかって行ってしまうのである。ときには売り言葉に買い言葉で不遜《ふそん》にも、「この程度の修業でよく小説など書けていたものだな」と思うことがあるが、これはじつは褒《ほ》め言葉でもある。あの程度の修業で、あれだけ書ければ大したものだ。やはり相当の才能の持主にちがいない。いずれにせよ、毎回、話の糸口を恵んでくれる三島読本には、「ありがとう」を何万遍でも申しあげなければならない。

今回の話の糸口も、その三島読本のオノマトペについての次の記述である。

私が森鷗外《おうがい》に学んだのは擬音詞（オノマトペ）を節約することであります。（略）擬音詞は日常会話を生き生きとさせ、それに表現力を与へますが、同時に表現を類型化し卑俗にします。鷗外はこのやうな擬音詞の効果を嫌《きら》つて、その文学は最も擬音詞の少いものであります。それが鷗外の文章の格調をどれほど高めてゐるか知れません。大衆小説などにいまだに使はれてゐる手法に、「さうですか。アハハハ……」といふやうな笑声の擬音詞があります。いまではそんな手法の子供らしいことはだれも気づいてゐることでせう。「玄関のベルがチリリンと鳴つた」「開幕のベルがジリリジリリと鳴つて、芝居が始つた」子供はかういふ文章を非常に使ひたがります。

右のように書いたとき、この鷗外崇拝者は、すくなくとも半分は誤っていたのである。もっともこのことは三島読本だけの誤解ではなく、世間一般も錯覚しているところで、たとえば、

《……（鷗外は）直喩《ちよくゆ》・声喩・色彩語その他種々な技巧が少ない。また心理状態の表現や、読者へのおもねりや、現代の生活感覚などがベタベタ出て来ない。とくに鷗外は、三島由紀夫が指摘するように、擬態語・擬声語・感覚語をあまり用いない。これは情緒化を抑えるた

めであろう。比喩も、情緒的快感を伴いやすいし、意味の上からは文脈を乱すことになるので、「一に明晰《めいせき》、二に明晰、三に明晰」と主張する立場からは遠ざけたのであろう。》（岡村和江「近代作家の文体の展望」。明治書院『講座現代語⑤文章と文体』所収。昭和三十八年）

とする研究家もいて、つまりこれが鷗外の文章についての常識といってもよいだろう。だが、たとえばもし鷗外が右の二つの引用を読んだとしたらどうだろうか。腹は立てないまでも、よほど面喰《めんくら》うにちがいない。鷗外には擬声語や擬態語（ひっくるめてオノマトペ）を愛用した時期があったし、その時期は比喩の創《つく》り手としても漱石《そうせき》を顔色なからしむるほどの名手でもあった。その時期とは明治四十二年から乃木希典《のぎまれすけ》夫妻殉死までの三年間で、この期間に『ヰタ・セクスアリス』や『普請中《ふしんちゅう》』が書かれ、そして『雁《がん》』が着手された。正宗白鳥《まさむねはくちょう》の鷗外論に、《畢竟《ひっきゃう》わが好むところに従ふ外はないのである。》という名文句があるけれど、筆者にはこの時期の鷗外こそ最も「わが好むところ」であり、そこに立てば、三島読本の述べていることは明らかに変てこである。「半分、誤っていた」とあえて不逞《ふてい》の言を弄《ろう》した所以《ゆえん》だ。

論より証拠という下世話な知恵にしたがって、『雁』の前半部の山場、高利貸の末造とお玉の目見《めみ》えの場面での、鷗外のオノマトペの使い方を見てみよう。念のために註釈を付すと、この章では、この部分までオノマトペは一個もあらわれていない。オノマトペはお玉の登場をきっかけに盛大に駆使される。

末造はつと席を起《た》つた。そして廊下に出て見ると、腰を屈《かゞ》めて、曲角《まがりかど》の壁際に躊躇《ちうちよ》してゐる爺《ぢ》いさんの背後《うしろ》に、怯《おく》れた様子もなく、物珍らしさうにあたりを見て立つてゐるのがお玉であつた。ふつくりした円顔《まるがほ》の、可哀《かはい》らしい子だと思つてゐたに、いつの間にか細面《ほそおもて》になつて、体も前よりはすらりとしてゐる。さつぱりとした銀杏返《いてふがへ》しに結《い》つて、こんな場合に人のする厚化粧なんぞはせず、殆《ほとん》ど素顔と云つても好い。それが想像してゐたとは全く趣が変つてゐて、しかも一層美しい。末造はその姿を目に吸ひ込むやうに見て、心の内に非常な満足を覚えた。

もう一個所、全篇の山場を引用しよう。主人公の岡田が、お玉の飼う小鳥を狙《ねら》って鳥籠《とりかご》に潜り込んだ青大将を、征伐する場面である。

岡田は庖丁《はうちやう》が新しくはあつても余り鋭利でないことを知つてゐたので、初から一撃に切らうとはしない。庖丁で蛇《へび》の体を腕木に押し附けるやうにして、ぐりぐりと刃を二三度前後に動かした。蛇の鱗《うろこ》の切れる時、硝子《ガラス》を砕くやうな手ごたへがした。（略）岡田は手を弛《ゆる》めずに庖丁を五六度も前後に動かしたかと思ふ時、鋭くもない刃がたうとう蛇を俎上《そじやう》の肉の如《ごと》くに両断した。絶へず体に波を打たせてゐた蛇の下半身が、先づばたりと麦門冬《りゆうのひげ》の植ゑてある雨垂落《あまだれおち》の上に落ちた。続いて上半身が這《は》つてゐた窓の鴨居《かもゐ》の上をはづれて、首を籠に挿《さ》し込んだ儘《まま》ぶらりと下がつた。鳥を半分銜《くは》へてふくらんだ頭が、弓なりに撓《たわ》められて折れずにゐた籠の竹に支《つか》へて抜けずにゐるので、上半身の重みが籠に加はつて、籠は四十五度位に傾いた。その中では生き残つた一羽の鳥が、不思議に精力を消耗し尽さずに、まだ羽ばたきをして飛び廻つてゐるのである。

　岡田は腕木に搦《から》んでゐた手を放して飛び降りた。女達は此時《この》まで一同息を屏《つ》めて見てゐたが、二三人はここまで見て裁縫の師匠の家に這入《はひ》つた。「あの籠を卸《おろ》して蛇の首を取らなくては」と云つて、岡田は女主人の顔を見た。併《しか》し蛇の半身がぶらりと下つて、切口から黒ずんだ血がぽたぽた窓板の上に垂れてゐるので、主人も女中も内に這入つて吊《つ》るしてある麻糸をはづす勇気がなかつた。

『雁』は、四百字詰原稿用紙に換算するとちょうど二百枚の小説である。この二百枚にオノマトペはざっと百六十個。すなわち一・二五枚に一個の割合でオノマトペがあらわれるという勘定になる。同じ頃《ころ》、ホトトギス派の写生文はオノマトペを多用することで有名だったが、たとえば「主観的写生文」（写生文に小説的な色彩を加味したもので、高浜虚子の命名）の嚆矢《こうし》とされる虚子の『欠《あく》び』（明治四十年一月）は、二十枚で、オノマトペを二十七個含む。ということは、『雁』はホトトギス派ほどオノマトペを濫用《らんよう》したのではなかった。がしかし、その山場では、ホトトギス派でさえ仰天して裸足《はだし》で逃げ出すほど、オノマトペを総動員したのでである。お玉登場の場面を読み返していただきたい。原稿用紙半枚ちょっとのところへオノマトペが四個もある。蛇殺しの場面は二枚弱、そこへオノマトペが五個だ。『雁』を中心に据《す》えて眺《なが》めれば、鷗外が「オノマトペの配給王だった。」「オノマトペを節約した」などは真ッ赤な赤嘘《あかうそ》である。むしろ鷗外は小説の山場ではオノマトペの配給王だった。「擬態語・擬声語・感覚語をあまり用いない」どころか、ここぞというところへはこれでもかこれでもかとオノマトペを繰り出してきたのだった。比喩にも凄《すご》いのがある。紙幅の制限があって一例しか掲げられぬが、箱火鉢《はこひばち》をへだててお玉と差向う末造の心境を、

……手足を働かせた跡で、加減の好い湯に這入つて、ぢつとして温まつてゐるやうに愉快である。

とたとえている。ただ唸《うな》るしかないような巧みな比喩である。漱石の比喩は、「御殿場《ごてんば》の兎《うさぎ》が急に日本橋の真中へ抛《はふ》り出された様な」（『倫敦塔《ロンドンとう》』）とか、「その声の大きなこと、まるで居合抜の稽古《けいこ》のやうだ」（『坊っちゃん』）とか、奇抜で痛快で即戦即決といったいさぎのよさが好きだが、鷗外のは後からじんわりと効いてくる。

史伝ものや考証ものに先行するこの時期の鷗外は、なぜオノマトペをふんだんに用い、たっぷり比喩を効かせ、あちこちに警句をちりばめていたのか。答は簡単で、鷗外はこの時期、

小説を書こうとつとめていたのである。別にいえば、小説というものを信じていた。読者を愉快にさせることを己が愉快ともしていたのだ。オノマトペには物事を具体的に、直接的にあらわす働きがある。感覚的効果もいちじるしい。たしかに多くの論者が述べているように、円顔《まるがお》といえば「ふっくら」で、血が垂れるといえば「ぽたぽた」で、鶏といえば「コケコッコー」と、紋切型になるおそれはある。がしかし、読者に、どうか言語をとおして体験してほしい、と願うとき、とりわけその山場では、作者は具体的で感覚的なオノマトペに援軍を頼まざるを得なくなる。そしてオノマトペは使い方さえ間違えなければ、それだけの働きはしてくれるのであって、それは、

小竹《ささ》の葉はみ山もさやに乱るともわれは妹《いも》思ふ別れ来ぬれば　（『万葉集』一三三）

石走《いはばし》る滝もとどろに鳴く蟬《せみ》の声をし聞けば都し思ほゆ　（『万葉集』三六一七）

このかぐや姫、きと影になりぬ　（『竹取物語』）

蓑《みの》も笠《かさ》もとりあへで、しとゞに濡《ぬ》れて惑ひ来にけり　（『伊勢物語』）

にくきもの……墨の中に、石のきしきしときしみ鳴りたる

（『枕草子《まくらのそうし》』）

人皆、は、とわらひけり

（『宇治拾遺物語《うじしゅういものがたり》』）

一盃《いっぱい》カタムケント思フテ、ノミタレバ、メタト酔タソ

（『中華若木詩抄《ちゅうかじゃくぼくししょう》』）

軽風カ、ザツト吹タレハ、宿雨カ、トク〳〵ト落テ、衣ヲシホト、ヌライタソ

（『中華若木詩抄』）

むめが香にのつと日の出る山路かな

（『炭俵』）

私や危うてきや〳〵する南無《なむ》地蔵様……

（丹波与作）

さわさわとわが釣《つ》り上げし小鱸《すずき》の白きあぎとに秋の風吹く

（落合直文）

とこのように、日本文学史をぱらぱらとめくっただけでも、もう写し切れぬぐらい目白押しに出てくるのである。だが、鷗外は、やがて事件にたいして「興奮せまい」、「一定の距離

を保ち公平な判断を下さう」と試みる。事実を適当に取捨して纏《まと》まりをつけるのがいやになった（『歴史其儘《そのまま》と歴史離れ』）のだ。途端にオノマトペは激減し、三島読本や世間の常識が好む冷徹厳正な文体の持主、森鷗外が誕生する。『山椒大夫《さんしようだゆう》』（大正四年）は六十枚の作品だが、オノマトペはわずかの二十個足らずである。『澀江抽斎《しぶえちゆうさい》』（大正五年）になるとさらに徹底して、四百五十枚になんと十個前後だ。四十五枚に一個……！「澀江抽斎」からオノマトペを探すのは、雪原に二つ三つ撒《ま》かれた角砂糖を拾うよりなおむずかしい。一読者としては、鷗外の文体の変化なぞ、どう変ろうが一向にこたえない。白鳥ではないが、「わが好みこそ尊し」で、明治末年の、いかにも小説小説した作品を愛し、それ以後の史伝ものや考証ものを敬遠すれば、それでよい。ところが、日本語の文章の規範は鷗外の考証ものの文体にある、と声高にやられるから閉口する。

《漱石の文体はあくまでも漱石個人のものであったが、鷗外のそれは文章体の一つの極となった。そして「話すように書く」ことがゆきづまるたびに顧られ、芥川《あくたがわ》以後の多くの作家に影響を与えた。》（岡村和江。前出論文）

という指摘が明らかにしているように、この国では、文章に関してなにか問題が発生すると、誰《だれ》も彼もが解決の糸口を鷗外に求め、後期文体神社に詣《まい》って御神託かなんか聞こうとする。それは人の勝手だから構わぬとして、困るのは氏子たちが鷗外の後期文体を奉じない者に向って悪罵《あくば》を浴びせて来ることだ。鷗外の明治末年ごろの文体を愛する人間もいていいと思うのだが、どうも異端視されがちである。宮沢賢治などはそれでだいぶ損をした。賢治は日本文学史上、空前のオノマトペの使い手で、一例をあげれば、「なめとこ山の熊《くま》」は二十三枚の作品なのに、擬声・擬態語は六十八個もある。彼とどうやら比肩《ひけん》し得るのは、鶏の蹴《け》合《あ》うのを「コウコウコウコウ、コキャッ、コウコウコウコウコウ」（『二人大名』）などと演《や》った中世の狂言の作者と、現代の劇画家やコピーライターぐらいのものだろう。もちろんこの三者のオノマトペはそれぞれ質がちがうけれども。

ところで鷗外の後期文体を手本にすると、じつは怖《おそろ》しいことがおこる。筆者が云ったのでは迫力がないので、谷崎読本の一節を借用しよう。

西鶴《さいかく》の文を朦朧派《もうろうは》とすれば、此《こ》れ（鷗外の『即興詩人』を指す。井上註）は平明派であります。隅から隅まで、はつきり行き届いてゐて、一点曖昧《あいまい》なところがなく、文字の使ひ方も正確なら、文法にも誤りがない。が、かう云ふ文章を下手な者が模倣すれば、平凡で、味もそつけもないものになる。癖のある文章は却《かへ》つてその癖が取り易《やす》く、巧味も目につき易いのでありますが、平明なものは一見奇とすべき所がないので、真似《まね》がしにくゝ、何処《どこ》に味があるのかも、初心の者には分りにくい。（略。こういう）文章は、一つはその人の頭脳や、学識や、精神の光でありますから……

鷗外の、平明であり、かつ冷徹厳正でもある文体を手本にするのはいいが、とかく面白味のない、誠実っぽい文章になりがちだ、とこれを飜訳してもかまわないと思うが、そういう文章が、しばしば「名文である」とありがたがられるから怖しいのである。別にいえば、『雁』のオノマトペは真似ることができても、『澀江抽斎』は無理だろう。読者はここで、なぜそのようにオノマトペにこだわるのか、と疑問に思われるだろうが、その理由は簡単である。日本語の動詞は弱い。そのままで用いると概念的になる。まだるっこい。的確さを欠く。動詞にはオノマトペという支えが要《い》るのである。

二

明治四十年（一九〇七）の九月に、「新小説」に載った田山花袋の『蒲団《ふとん》』は、文学史的には重要な作品であった。この作品は自然主義の思潮を日本に導き入れ、「自然主義の同義語とさえなるに至った」（吉田精一）からである。特によく知られているのはその最後の部分、自分がひそかに恋していた女弟子横山芳子を岡山県の親許《おやもと》へ送り返した直後の主人公竹中時雄の奇妙な慟哭《どうこく》の場面だろう。

　時雄は雪の深い十五里の山道と雪に埋れた山中《やまなか》の田舎町とを思ひ遣つた。別れた後其《その》儘《まゝ》にして置いた二階に上《のぼ》つた。懐《なつ》かしさ、恋しさの余《あまり》、微《かす》かに残つた其《その》人の面影を偲《しの》ばうと思つたのである。武蔵野《むさしの》の寒い風の盛《さかん》に吹く日で、裏の古樹には潮《うしほ》の鳴るやうな音が凄《すさま》じく聞えた。別れた日のやうに東の窓の雨戸を一枚明《あけ》ると、光線は流るゝやうに射し込んだ。机、書箱《ほんばこ》、罎《びん》、紅皿、依然として元の儘《まゝ》で、恋しい人は何時《いつ》もの様に学校に行つて居《を》るのではないかと思はれる。時雄は机の抽手《ひきだし》を明けて見た。古い油の染《し》みたリボンが其中に捨てゝあつた。時雄はそれを取つて匂《にほひ》を嗅《か》いだ。暫《しばら》くして立上つて襖《ふすま》を明けて見た。大きな柳行李《やなぎがうり》が三箇細引《ほそびき》で送るばかりに絡《から》げてあつて、其向ふに、芳子が常に用ゐて居た蒲団――萌黄《もえぎ》唐草《からくさ》の敷蒲団と、綿の厚く入《はい》つた同じ模様の夜着《よぎ》とが重ねられてあつた。時雄はそれを引出した。女のなつかしい油の匂ひと汗のにほひとが言ひも知らず時雄の胸をときめかした。夜着《よぎ》の襟《えり》の天鵞絨《びろうど》の際立《きはだ》つて汚れて居るのに顔を押付けて、心のゆくばかりなつかしい女の匂ひを嗅《か》いだ。

性慾と悲哀と絶望とが忽《たちま》ち時雄の胸を襲つた。時雄は其蒲団を敷き、夜着《よぎ》をかけ、冷めたい汚れた天鵞絨《びろうど》の襟に顔を埋めて泣いた。

薄暗い一室、戸外《おもて》には風が吹暴《ふきあ》れて居た。

傍線は言うまでもなく原作にはない。複合動詞に、筆者が引いたのである。複合動詞とは、動詞を二つ組み合せたもので、現代のヨーロッパ諸語（英・独・仏・露語）などには見られない造語法だという（長嶋善郎「複合動詞の構造」。大修館書店『日本語講座④日本語の語彙《ごい》と表現』

所収)。むろん外国語にも、たとえばドイツ語の熟語動詞のように、

Kennen lernen (知り合いになる)

といった式の複合語はある。しかし二つの動詞は最後まで切り離されたままで、形態《ゲシュタルト》としては「二語並列」である。引用の最初に「思ひ遣《や》る」という複合動詞があるが、これは他の日本語の複合動詞と同じように前部の動詞が連用形となって後部の動詞としっかりと融合している。「思ひ遣る」では判《わか》りにくいかもしれないので、「思い出す」を例に引こうか。「思い出す」は一語のように見え、われわれは誰もそう信じて疑わない。しかしこれは〈「思う」の連用形「思い」＋「出す」〉という構造を持った複合動詞なのだ。つまり日本語の複合動詞は形態《ゲシュタルト》としては一語然として見える。ここが日本語複合動詞の特長である。

前出の長嶋善郎論文によれば、現代ギリシャ語にも、形態的に一語然として見える複合動詞があるというが、やはりそれは「比較的限られた動詞の用法であって、日本語のようにかなり自由に複合動詞を作れるパターンとは異なっている」らしい。またわれわれ大多数の悩みの種子《たね》である英語には、

set about (……にとりかかる)

set down (下に置く、乗客をおろす、書きとめる)

set off (発射する、出発する)

set to (本気ではじめる)

set up（組み立てる）

といった複合語があるが、造語パターンは〈動詞＋前置詞・副詞〉であって、決して複合動詞ではない。ドイツ語やロシア語に多いのは、接頭辞をかぶせて動詞の意味を限定する造語法だが、これまた動詞と動詞の複合語ではない。となると一体なぜ日本語には〈動詞連用形＋動詞〉の構造を持つ渾然《こんぜん》たる複合動詞が多いのだろうか。

どんな言語にも大なり小なり見られる現象だが、とりわけ日本語の動詞は、そのまま単独で用いると、意味を訴える力が弱いのである。単独で用いたのでは意味が漠然《ばくぜん》としている。具体性に欠ける。現実と烈《はげ》しく斬《き》り結ぼうとしない。生き生きしない。血が通わない。単に「山中の田舎町を思つた」では隔靴《かっか》掻痒《そうよう》で、間だるっこしい。茫《ぼう》としている。この切ない気持が表現できない。この思いをどこか一点へ集中せしめたい。思いをそこへ届かせたい。思いをそこへ遣《や》りたい。そこで花袋は「思ひ遣つた」と複合動詞を用いたのである。結尾の一行を締め括《くく》る（この「締め括る」も複合動詞だ）「吹暴《ふきあ》れて居た」にしても同じことである。主人公の心の中を象徴する戸外の烈風、これを表現するには、「戸外には風が吹いて居た」では弱すぎ、大人しすぎよう。「戸外には風が暴れて居た」でも落ち着かない。やはり「吹く」と「暴れる」を繋《つな》ぎ合せて強く撚《よ》り合せ、「吹暴れて居た」と重石《おもし》を置き据えなければならない。『蒲団』の結尾は複合動詞で締めるしかなかったろう。少くとも動詞一個では荷が勝ちすぎる。

ではなぜ日本語の動詞は単独で用いられると弱いのだろうか。これについて詳説するには別に一章を設けなければなるまいが、ここでは、日本語の構文では動詞が一等最後に来るせいである、とだけ記しておこう。構文全体で意味を拡げるだけ拡げてゆく、あるいは意味をつぎつぎに限定してゆく。その、さまざまな意味の盛られた文（＝伝達）を、動詞が最後にぴしゃりと完結させてやらなくてはならない。蒲団を風呂敷に包む作業で最大の力業《ちからわざ》は、最後の、風呂敷の四端を結び合せるところにあるにちがいないが、動詞もまた文を完結させ、意味をきちんと荷造りしてやらなければならないのである。だから動詞一個では力が足りぬということも生じる。ましてやよく使われる動詞はその分だけ擦り切れていて、力に乏しい。そこで「光線は流るゝやうに射《さ》した」ではどうも不満足で「射し込んだ」とし、「暫くして立つた」ではなく「立上つた」とし、「時雄はそれを出した」ではなく「それを引出した」とするのである。

擬音語（外界の音を写した言葉）、そして擬態語（音をたてないものを音によって象徴的に表わす言葉）、ひっくるめてオノマトペも、単独で用いられるとどこか脾弱《ひよわ》な日本語動詞のための有力な援軍である。たとえば「歩く」という動詞がある。単独では弱いとみれば、われわれは「連れ歩く」「跳ね歩く」「捜し歩く」「買い歩く」「騒ぎ歩く」「出歩く」「流れ歩く」「渡り歩く」「彷徨《さまよい》歩く」というように、そのときの意味に合せて「歩く」に助太刀をつかわして強化する。がしかし「歩く」の内容をより具体的にし、できれば聴き手の感覚に直《じ》接《か》に訴えたいと思うときは、いそいそ、うろうろ、おずおず、ぐんぐん、こそこそ、ざくざく、しゃなりしゃなり、しおしお、すごすご、すたすた、すたこら、ずんずん、ずしんずしん、せかせか、ぞろぞろ、たよたよ、だらだら、ちまちま、ちょこちょこ、ずかずか、つかつか、てくてく、どかどか、のっしのっし、どすんどすん、どたどた、どやどや、なよなよ、のこのこ、のそのそ、のろのろ、ぱたぱた、ひょろひょろ、ふらふら、ぶらぶら、へろへろ、まごまご、もそもそ、よちよち、よたよた、よぼよぼ、よろよろ、わらわら……などのなかから、最もぴったり来る擬音・擬態語を選んで、「歩く」を補強するのである。

幸田《こうだ》文《あや》の文章にはオノマトペがぎっしり詰まっている。たとえば『流れる』（昭和三十年）の冒頭。

このうちに相違ないが、どこからはいっていいか、勝手口がなかった。

往来が狭いし、たえず人通りがあってそのたびに見とがめられているような急《せ》いた気がするし、しようがない、切餅《きりもち》のみかげ石二枚分うちへひっこんでいる玄関へ立った。すぐそこが部屋らしい。云いあいでもないらしいが、ざわざわきんきん、調子を張ったいろんな声が筒抜けてくる。待ってもとめどがなかった。いきなりなかを見ない用心のために身を斜《はす》によけておいて、一尺ばかり格子《こうし》を引いた。と、うちじゅうがぴたっとみいごとに鎮《しず》まった。どぶのみじんこ、と聯想《れんそう》が来た。もっとも自分もいっしょにみじんこ

にされてすくんでいると、
「どちら？」と、案外奥のほうからあどけなく舌ったるく云いかけられた。目見えの女中だと紹介者の名を云って答え、ちらちら窺《うかが》うと、ま、きたないのなんの、これが芸者家の玄関か！
「え？　お勝手口？　いいのよ、そこからでいいからおはいんなさいな。」同じその声が糖衣を脱いだ地声になっていた。一ト坪のたたきに入り乱れた下駄《げた》と仔犬《こいぬ》とそれの飯《めし》碗《わん》と排泄物《はいせつぶつ》と、壁ぎわにはこれは少しもののいい大きな下駄箱を据《す》えてある。七分に明けてある玄関のしきり障子は引手から下があらめみたいに裂けて、ずっと見通す廊下には綿ぼこりがふわふわしている。

主人公（梨花《りか》というのがその名前）を指示する語が慎重に隠されているので、しばらく、一人称の視点から語られているのか、あるいは三人称の客観描写なのか、それも判然とせず、さらに五個のオノマトペがここぞという個所に的確に配置されているせいで臨場感に溢《あふ》れ、読者は主人公同様に芸者家の玄関へ直接《じか》に立ち会わさせられる。オノマトペが読者の鼻先へ「場面」を手繰《たぐ》り寄せるのである。

ところが作者の筆が場面からやや遠のいて、つまり描写がより客観的になると、オノマトペの使用度がぐんと落ちる。たとえば住込みの第一夜が明けてあくる朝——。

たった一ト晩を芸者家というものに寐《ね》た梨花は、物売りの声の向うにしろうとの世界を感じる。きのうまで自分の身をおいていたしろうとさんの世界である。豆腐も納豆もしろうととくろうととの間をどっちつかずに曖昧《あいまい》に呼んでいるような気がする。

気味の悪い蒲団ではあっても、夜来のあたたかさが脱けにくい。それはただ起きたくないというのとは少しわけが違う。目見え馴《な》れのした床離れの悪さである。正式に雇われるところまで行かなくても、目見え馴れのするほどあちこちへうろつけば、すでに十分女中である。女中の休息というものは寐ているときを休息とは云えない、寐ているのだからである。起きているときはもちろん休息ではない、働いているからである。醒《さ》めて床のなかにいるあいだはこれが休息である。

オノマトペは綺麗《きれい》に姿を消してしまった。当然のことながら右の引用は「場面」ではないからである。冷静な感慨にオノマトペは不要だ。要約や概要や梗概《こうがい》にもオノマトペはいらない。要約や概要や梗概を読み手の感覚に訴えても仕方がないからである。云ってみればそれは「視点」の問題だ。その視点に「個」が混《ま》じり込めばその分だけオノマトペが活躍する。法律の条文になぜオノマトペが用いられることがないのか。

猥褻《わいせつ》ノ文書、図画其《その》他ノ物ヲ頒布《はんぷ》若《も》クハ販売シ又ハ公然之《これ》ヲ陳列シタル者ハ二年以下ノ懲役又ハ五千円以下ノ罰金若《も》クハ科料ニ処ス販売ノ目的ヲ以《もっ》テ之ヲ所持シタル者亦《また》同シ（刑法第一七五条）

右の条文はどうして「猥褻ノ文書、図画其他ノ物ヲドンドン頒布若クハジャンジャン販売シ又ハ公然之ヲペロント陳列シタル者ハ……」とならないのか。背後に国家主権を、法の「真理」と「公正」とを控えているからである。個というものが微塵《みじん》も含まれていないせいだろう。超の字のつく客観主義に、具体性などは水と油である。

商業文にもオノマトペは入ってこない。どんなに有能なワードプロセッサーも、

拝啓　ますますご繁栄の段、うはうはお喜び申しあげます。さて、先般ご注文によりどんとご送品申しあげました干瓢《かんぴょう》二〇キロ代金一万八千円也《なり》、当店振替口座にどんぴしゃとお払い込みいただきがっちりと拝受いたしました。まずは入金ご通知かたがたそそくさと御礼申しあげます。　敬具

とは書かない。商業文は背中に「会社法人」というものを背負っているからである。新聞の社説のうしろには「社会の木鐸《ぼくたく》」という金看板があり、学術論文は頭に「真理の探究」と

いう冠を戴《いただ》く。いずれも公的なものであり、妙に具体的だったり、感覚的だったりしてはいけないのだ。個が割り込んでは公が崩れよう。したがってオノマトペはそれらの文章からは完璧《かんぺき》に駆逐されているのである。

『理科系の作文技術』（木下是雄著。中公新書）という出色の文章読本があるけれども、これを通読するうちに奇妙なことに気付いた。理科系論文は如何《いか》に書かれるべきかを説いている書物であるから、当然、オノマトペなどは排除されなければならない。しかしそのように力説する著者自身の文章には、オノマトペが多用されているのだ。「私たちが一つの文を理解するパターンは、文中の句や節が互いに人見知りしてモジモジしながら頭の入り口につめかけている、全文を読み終るとそれらがサッと隊を組んで頭の奥に駈《か》けぬけて行く——といったものらしい」「すらすらと文意が通じるように書けてさえいれば、長さにはこだわらなくていい」「きちっと書き、きちんと連結すれば、格段に読みやすくなるのである」「必要ギリギリの要素は何々かを洗いだし、それだけを、切りつめた表現で書く」（原文横組み）……とオノマトペの総ざらいである。著者には、理科系論文はこうあるべきだという熱い思いがある。個としての主張がある。その個がオノマトペを多用せしめたのであろうと思う。オノマトペのおかげで著者の文は白熱し、書物は力強い説得力を持った。

くどいようだがオノマトペは具体的、かつ感覚的である。強い力があって読む者を「場面」へ、「現場」へ、引き摺《ず》り込む。ちなみに「引き摺り込む」は三連動詞であるが、それ

はとにかくそんな力を持つために、オノマトペは詩歌では重要な武器だ。芭蕉《ばしょう》の、

にょき〳〵と帆柱さむき入江哉《かな》

という発句においてはオノマトペがすべてである。この擬態語の発見に芭蕉は一瞬、命を賭《か》けている。またエドガー・ポーの『大鴉《おおがらす》』の nevermore （二度とふたたび）という陰鬱《いんうつ》な繰り返し句についてローマン・ヤーコブソンはいう。《エドガー・ポー自身が語っているところによれば、鴉の鳴き声との連合を彼に示唆《しさ》し、この詩編全体を思いつかせさえしたのは、ネヴァーモアという語の音に潜在的に含まれた擬音能力であるという。》（『音と意味についての六章』花輪光訳）

個が公を圧倒する場面で、熱意が客観にうちかつ現場で、オノマトペは脾弱な動詞を助けてよく働く。だから頭から毛嫌《けぎら》いしてはオノマトペが哀れである。問題は、芸者の声高なお喋《しゃべ》りを「ざわざわきんきん」というように捉《とら》える才覚があるかどうかだ。

踊る文章

一

前章に書き連ねたことを一行に圧縮すれば、〈日本語の著しい特色のひとつは、その文末決定性にある〉となるだろう。すなわち、日本語において表現のすべては文末で決定されるのである。文末の実質は、付言するまでもなく述語が担《にな》う。そして述語は動詞（＋《プラス》助動詞）である場合が多い。したがって表現を決定するのは動詞（＋助動詞）である。そういう場合が過半であると云ってもよい。しかるに基本的な動詞はよく使われるだけに、磨滅《まめつ》し、力が衰えている。つまり大事な動詞ほど文末を決定する力が弱い。そこで動詞に動詞を連結させて複合動詞とし文末決定力の増強をはかる。あるいは擬声・擬態・擬情語、ひっくるめてオノマトペを併用して文末決定力の増強をはかる。——以上のような事情があるので、日本語の文章には（云うまでもなく談話にも）、複合動詞やオノマトペがしばしば多用されるのだ。おさらいをすればこういうことになるだろう。

おさらいのすんだところで別の主題へ、とは思うのだが、折角、「文末」についてウンヌンした以上は、あの問題を素通りするわけには行かないだろう。そのあの問題とは、日本語の文末の異様なばかりの単調さである。この問題について触れていない文章教習書は「ない」と云っても過言ではないが、紙幅の都合もあって、ここでは三種を引用するにとどめておく。

……以上の三つの文体は（口語体を細別すると、講義体、兵語体、口上体、会話体の四体になるが、最後の会話体を除く三体は、の意。井上註）、センテンスの終りに「る」、「た」、「だ」、「す」等の音が繰り返される場合が多いので、都合のよいこともありますけれども、文章体（古典文学の文章のこと。井上註）に比べますと、形が極まりきつてしまつて、変化に乏しい欠点があります。

（谷崎潤一郎『文章読本』。昭和九年）

私はまた途中で文章を読みかへして、過去形の多いところをいくつか現在形になほすことがあります。これは日本語の特権で、現在形のテンスを過去形の連続の間にいきなりはめることで、文章のリズムが自由に変へられるのであります。日本語の動詞がかならず文章のいちばん後にくるといふ特質（倒置法を除く）によつて、過去形のテンスが続く場合には「……した」「……た」「……た」といふ言葉があまりに連続しやすくなります。そのために適度の現在形の挿入は必要であります。

（三島由紀夫『文章読本』。昭和三十四年）

……文章にリズムをつけるために、センテンスの語尾、つまり文末の影響は大きい。これが単調で、平凡な語が連続すると、文章全体にしまりがない感じがする。／ところが、日本語は述語が一番あとに来る構造のため、文末に同じ語がきやすい。とくに「……た」「……である」「……だ」などがひんぱんに出てくる。これは文末を見つけ出すには都合がいいが、同じ語が文末にかさなると、文章全体が単調になって、歯切れを悪くしてしまう。／日本の作家たちも、この問題には大分悩まされたようだ。……

（能戸清司『文章はどう書くか』。昭和五十五年）

このように考えたからこそ、谷崎は文末のもっと自由な会話体に目をつけて、たとえば『盲目物語』に見るような粘っこい、文末の多彩な文体を発明したのだろうし、三島がその溢《あふ》れんばかりの才能の五分の二ぐらいを戯曲のために割《さ》いたのも、会話体の自由さに惹《ひ》かれたせいも少しはあったのではないかと思われる。

たしかに日本語の文末は呆《あき》れるほど単調であって、それは動詞の終止形が、上一、下一、カ変、サ変、すべて判で捺《お》したように「……る」でおわるところからも容易に理解できよう。五段だけはちょっと賑《にぎ》やかで「る」のほかに、

……す（話す、訳す）　……ぬ（死ぬ）　……ぶ（呼ぶ）　……む（進む）　……ぐ（継ぐ）

……く（解く、行く）……つ（持つ）……う（言う）

などがあるけれども、じつはこれにしても宝の持ち腐れになることが多い。小説の文章も新聞の記事文も、三島読本が説くように、過去形で書かれることがほとんどで、そこで動詞たちは「時の助動詞・た」を従えるのである。かくして文末は「た」「た」「た」「た」と単調に機関銃を射《う》ち続けることになる。

ところが、古代語では事情はまるで逆で、たとえば現在以往の時を示すのに「つ・ぬ・たり・り・き・けり」の助動詞をもっていた。国文学者の渡辺実は、かつて『竹取物語』の、

かた時のほどとて下ししを、そこらの年頃《としごろ》そこらの金給ひて、身をかへたるがごと成りにたり。かぐや姫は、罪をつくり給へりければ、かく賤《いや》しきをのれがもとに、しばしおはしつるなり。

を引き、「時の助動詞づくしと評したくなる文章で」「意味の情緒性」が溢れていると云ったが、谷崎が文章体（＝古典文学の文章）に憧《あこが》れた理由はひょっとするとこのあたりにあったのかもしれない。この助動詞の弱体化に加え、動詞そのものの活用も活発ではなくなってしまった。それはどんな国語辞典にも巻末付録のひとつとしてかならず載っている動詞活用

表の文語の部をごらんになれば、どなたにも一目瞭然《りょうぜん》だろう。活用が不活発になれば係り結びも衰える。係り結びは、

「な」──→連用形
「は」「も」──→おおむね終止形
「ぞ」「なむ」「や」「か」──→連体形
「こそ」──→已然《いぜん》形

と語尾をはっきり撰択し、要求する。このせいもあって、文語文の文末は変化に富んでいたのであった。さらに体言止めも、中止法も、連体終止も行われなくなり、「意味の情緒」はむろんのこと、文末の多様なたのしさもまた失われた。もっとも筆者は谷崎読本の驥尾《きび》に付して、「だから文語文のほうがよい。文語文を復活させよう。させるべきだ」などと時代錯誤の歌をうたうつもりはない。そんなことはできやしないし、仮にできたとしても今度は口語文から機能性をのがしてしまうことになるだろう。そうなのだ、活用の衰えは日本語文章の文末を単調にし、文から情緒を失わせはしたものの、その反対給付として口語文の機能を高めもしたのである。

語の文法的はたらきや、語と語との文法的な関わり《かか》合いが主として語形変化によって示される言葉を屈折語と称するが、活用のうるさかった時代の日本語は、いわば屈折語に近かったのである。活用が衰えるにつれて、膠着語《こうちゃくご》的な部分がより増大した。江戸期、長崎丸山の

遊女は唐物《からもの》船の船員とも馴染《なじ》んだが、そのとき船員たちは次のように喋《しゃべ》っていた。

コナタ、ハナソ、クチモ、サトウ、ヲナジヿ《コト》。ココロ、ホウテウ、ヲナジヿ《コト》。タツサン、ダマソ、モドロホシイモ、イマ、モドロヨカ。ベチヤド、ヨポウ、カンマン、タツサン、ニウジヤロ。

（『長崎市史風俗編・下』）

痴話喧嘩《げんか》の最中、すねている遊女に向って、「あなたのはなしは、口だけ（甘い）砂糖と同じことです。でも心は（鋭い）庖丁《ほうちょう》と同じことです。沢山、だますがいい。もどりたければ、今もどるがいい。（私も）別宿から（女を）よびます。（そしてその女と）沢山ねますよ」と言い返しているのだが、それこそタツサンの助詞が脱け落ちている。日本語は膠着語の一種だから、語と語の関係を示すのに小さな単語（日本語の場合は助詞）をつけて、「ココロハ、ホウテウト、ヲナジヿ《コト》」というように文を展開して行く。その語がなんだろうと、主格の場合は「は」、目的格の場合は「を」、所有格の場合は「の」を添えて関係をはっきりさせるわけで、じつに規則的である。英語でたとえば his という。日本語では「彼」に所有格の「の」をつける。his はこれ以上、分析できないが、日本語では「彼」「の」とさらに二つの部分に分析できるわけで、これはずいぶん論理的なことなのである。つまり、口語文が活用をさほど重んじなくなったということは、その分だけ屈折語部分を捨てたということにほかならない、その分だけ分析性を手に入れ、その分だけ論理的になったのである。一時、日本語は論理的ではない、論理の展開には適さない言葉だ、という議論が流行したけれど、これは眉唾《まゆつば》ものだ。日本語は充分に論理的なのである。論理的でなかったのは、論者たちの頭の中味だった。

英語はいまや国際語に近い位置にあるが、ドルによる世界支配が英語をそこまで押し上げたのは否《いな》めないにせよ、やはり広く用いられているのは動詞の活用が（たとえばフランス語やドイツ語に較《くら》べて）非屈折的だからだろう。ヨーロッパ語のように語形変化もしないし、日本語のように助詞も使わず、一切の関係表示は語順にまかせるというのが孤立語だが、そのひとつである中国語でも、「——的」（所有格）や「——把」（目的格）などの言い方、つまり膠着語風な助辞を発達させてきている。十九世紀欧米の言語学者たちは、世界の言語をいままで述べた、孤立語、膠着語、そして屈折語の三つの型に分類し、次のようなことを公言していた。

「言語は、孤立語→膠着語→屈折語の順に発達する。そして屈折語によってのみ、精神の真の表象が行われる」

だが、われわれは動詞の活用のあまり屈折しない英語が広く使われていることや中国における助辞発達の事実などを知っている。そこで言語というものは、

孤立語↘
　　　膠着語
屈折語↗

のように発達し、変化しながら徐々に分析性を獲得して行くのがその本質ではないか、と思うようになってきているのである。エスペラントがもうひとつ広まらない原因のひとつは、たとえば動詞の語尾を、

amas（愛する。叙実法現在）
amis（愛した。叙実法過去）
amos（愛するだろう。叙実法未来）
amus（愛してくれているのだ。叙想法）
amu（愛してください。命令法）

といった具合に屈折させたからではないか。むろんこの人工語は、だからこそ形態《ゲシュタルト》として秀《すぐ》れており、軽々には損得の勘定はできない。わが尊敬する師、エスペランチスト栗栖《くりす》継《けい》氏にいつかお伺いを立ててみよう。

さあれこのような次第で、日本語から動詞の活用、すなわち屈折語的部分が脱落して行く傾向は決して悪いことではないと考えているのだが、しかしそれにしても文末が単調すぎ、退屈すぎる。なんとか生き生きとした、踊るような文末にならないものか。

いささか道草を喰《く》いすぎるようだがさらに一押しすることにして、口語文の文末の単調なことは、口語文をローマ字化してみると一層はっきりしよう。先に筆者は動詞の終止形にふれて、その大部分が「……る」で終ると書いた。終止形語尾のやや賑やかな五段にしても「す・ぬ・ぶ・む・ぐ・く・つ・う」と、ローマ字にすれば文末は「……u」で終る。すなわち日本語の口語文をローマ字で書くと、特別に倒置法や体言止めを使わないかぎり、文末は「……u」となるほかにないのである。これに「……a」（助動詞の「た」「だ」）の二本立て。たまに出てくるのが形容詞終止形の「……i」（い）ぐらいなもので、これは単調や退屈を通り越して、じつにうすら寒い。石川啄木《たくぼく》は「そんなら何故《なぜ》この日記をローマ字で書くことにしたか？　何故だ？　予は妻を愛してる。愛してるからこそこの日記を読ませたくないのだ、——然《しか》しこれはうそだ！　愛してるのも事実、読ませたくないのも事実だが、この二つは必ずしも関係していない。／そんなら予は弱者か？　否《いな》、つまりこれは夫婦関係という間違った制度があるために起るのだ。夫婦！　何と云うバカな制度だろう！　そんならどうすればよいか？／悲しいことだ！」（明治四十二年四月七日）とそのローマ字日記の第一日に書きつけているが、その個所は次のようになっている。

Sonnara naze kono Nikki wo Rôma-ji de kaku koto ni sitaka? Naze da? Yo wa Sai wo aisiteru : aisiteru kara koso kono Nikki wo yomase taku nai no da, ——Sikasi kore

wa Uso da! Aisiteru no mo Jijitu, yomase taku nai no mo Jijitu da ga, kono Hutatu wa kanarazu simo Kwankei siteinai.
Sonnara Yo wa Jakusya ka? Ina, Tumari kore wa Hûhu-kwankei to yû matigatta Seido ga arutame ni okoru no da. Hûhu! nan to yû Baka na Seido darô! Sonnara dô sureba yoi ka?
Kanasii koto da!

（『岩波版・啄木全集』第十六巻。昭和二十九年）

できるだけ文末に変化の多いものをと思ってこの個所を引用したのだがそれでも文末の大半が「……a.」で終る。同じような文末ばかりで読みにくい。読み取ることができても、いずこも同じ「…… a.」、味気がない。こう云うことを口走るとローマ字論者から、たとえば、

……漢字交り文は長い間慣れて居るから認め易《やす》い、ローマ字文は慣れて居ないから認めにくいのである（略）……。これは実際外国語の場合を見てもよく分る。英仏等の人はローマ字を使つて少しも差支なく読み書きをして、しかも世界の文明の先頭に立つて進んで居るではないか。一方漢字を用いて居る支那の方は却《かへつ》て文明が進んで居ないではないか。要するに、批難は全く慣れないと云ふことのみから来て居るので、ローマ字其《その》物

の欠点によるものではない。

(田丸卓郎『ローマ字国字論』岩波書店。昭和五年)

と反駁《はんばく》されるだろうが、大部分のローマ字論者は、日本語の音韻の仕組みに無頓着《むとんちゃく》だから困るのである。日本語の音節は「母音」と「子音+母音」が大半でまことに簡単である。もっとも複雑なものでも、kya, sya のように「子音+半母音+母音」となるにすぎない。ここまでをまとめて云えば、母音(a, i, u, e, o)が大活躍する言語なのだ。そして大切なことは、a, i, u, e, o が、まるで申し合せでもしたように「中肉中背」である。(b, d, f, h, k, l, t)の如《ごと》く、上部へ突き出していない。また(g, j, p, q, y)の如く下部へ垂れ下ってもいない。特徴がないのだ。日本語をローマ字文にすると、この特徴のない、中肉中背の活字がぞろぞろ並ぶから、語を形態《ゲシュタルト》として知覚することが難しくなる。低い家並みばかりがつづくので一瞬のうちには識別できないのである。啄木は直感的にそこを察し、名詞をできるかぎり大文字ではじめたり、符号を多用したりしているが、しかしそれにも限度があろう。日本語の音韻を、もっと子音の多いものに変えないかぎり日本語のローマ字化など絵に描いた餅《もち》であろうと思われる。

Watakusi wa warui ko deshita.

では、あまりにも変化に乏しいとはお思いになりませんか。

I was a bad boy.

こっちは子音が多く、各語が上にのびたり、下にのびたりして形態がよろしい。つまり認識するのに便利である。

形態ということでいえば例の文末の「……a.」の多発という事実もあり、ローマ字国字化の道は、一層はるかに遠いのである。

二

……とここまでローマ字国字論を目の仇《かたき》にし、親の仇のように扱ってしまった気味がある。そこで罪滅しにローマ字文への讃辞を掲げてこの長い道草の旅を切り上げることにしよう。たとえば詩歌をローマ字に綴《つづ》り直してみる。するとローマ字書記法が詩歌の音韻をおのずと丁寧に分析してくれるので、思いがけない発見にめぐまれることがある。筆者にはこれがローマ字の功徳《くどく》の筆頭である。

昭和二十一年一月、斎藤茂吉は郷里でもあり疎開先でもあった山形県上山《かみのやま》から同県の大石田に移居したが、歌集『白き山』はこの大石田を立って帰京するまで、一年十カ月の間に詠《よ》まれた八百二十四首をおさめたもので、「芭蕉《ばしょう》の奥の細道に匹敵する」といわれる。なかでも、

最上川逆白波《さかしらなみ》のたつまでにふぶくゆふべとなりにけるかも

は、「悠容《ゆうよう》せまらぬ大河の様相を忽《たちま》ち一変させる吹雪のすさまじさ、矢のように走る無量の雪片、その中に白い波頭を見せて立ち乱れる最上の流れ——それが作者の視野を領している。『逆白波』は造語であろうが日本海からの逆風で河流が波立つさまを云うのである。それにしても『ふぶくゆふべとなりにけるかも』という渾沌《こんとん》をひめた万葉的な句法は、まさに茂吉本来の姿のよみがえりを示すものであり、自然の動運の相を示して余すところがない」（本林勝夫『斎藤茂吉』桜楓社）ほどの傑作とされる。本林勝夫は同書の別のところで、「逆白波の歌に見る凄絶《せいぜつ》にして堂々たる万葉的格調」とも評しているが、たしかに大きな、見晴らしのいい絶唱である。観賞する者を現代から古代へたちまち拉《らっ》し去るタイムマシンの如き魔術的な仕掛けがある。それにしても茂吉はなぜ「逆白波」という語を発明したのだろう。なるほど字姿《じすがた》がいい。だがそれだけか。逆風に河流の波立つさまが目に浮ぶ、すなわちイメージの喚起力がある。しかし本当にそれだけだろうか。筆者はこの一首をローマ字に綴り直してみた。

Mogamigaha sakashiranami no tatsu made ni fubuku yufube to narini keru kamo

「逆白波」は六音、そのうち四音が「ア」の母音を孕《はら》み持つことがわかる。そればかりか上《かみ》句《のく》十七音のうち「ア」を抱く音が九音もあるのだ。半分以上が「ア」の母音を響かせている。

「ア」は大きな抱擁《ほうよう》力を持つ音である。赤ん坊が最初に学習するのもこの音であって、この音はすべてを受け入れる。そこでこの歌の上句は荒れ狂う大自然をそのままわがものとして受け入れているのだとわかる。ところが下句《しものく》に至って事情は一変する。とくに第四句の「fubuku yufube to」が重要だ。七音のうち五音までが「ウ」の母音を孕んでいる。「ウ」は思い屈した、姿勢の低い音である。それが五個も連続すると、まるで唸《うな》り声のように聞える。吹雪に吹き飛ばされまいとして唸り声を発しながら背をかがめている人間。だが第五の結句で人間は大自然と和解する。第五句は「アイウエオ」の五つの母音をすべて含んでいるからである。日本語の持つすべての母音が響き合うこと、それはまったき世界の再創造である。茂吉の逆白波の歌がわれわれを惹《ひ》きつけて離さないのは、なによりもまず、その巧妙な母音の配置にあるのではないか。そういえば茂吉には『短歌声調論』という労作があった。逆白波の歌の母音配置は偶然の産物ではなかろうと思われるが、こういったことは詩歌をローマ字に綴り直すことでよりはっきりするのである。

もうひとつ国語学者の亀井孝が重要な指摘をしている。亀井は「国語問題と国語学」（吉川弘文館『日本語学のために』所収）という論文のなかで次のようにいう。

国語教育の立場からいへば、将来においては、早くから、こどもにローマ字を授けることは、きはめて、意義が深いと信ずる。それは、ヨーロッパの言語を学ぶための、準備段階として、こゝには、いふのでなく、日本語の音韻組織を、単音にまで分析して、認識せしめうるからである。伝統的な日本語の音韻論的構造特質からすれば、音節をもって、最小の具体的単位とし、それ以上に、分析を進める必要はないかもしれない。いはゞ、日常生活のいとなみにおいては、水を水素と酸素とに分析するところの知識は、不必要であると同じ程度に、「カ」をKaにまで分析することは、日本語としては、実用上は、無用であるかもしれない。しかし、ローマ字をなかだちとして、主体的な言語感情の変革がもたらされないとはいへない。「また、あとで、おめに、かゝります」などの「ます」の「す」と、「ます」(枡)の「す」とは、かなでは同じく「す」であるが、ローマ字のなかだちによって、前者ではmasの形が規範と認められ、後者ではmasuの形が規範と認められる時代のくることは、可能である。さういふあかつきこそは、自然に、ローマ字の勢力が、かなもじを凌《しの》ぐことゝもなるであらう。

亀井は、最近都会で用いられる日本語にいちじるしく目立ちはじめた文末の母音の脱落現象についても述べているのであるが、たしかに文末母音の脱落が急速に進み、ローマ字が国字にでもなれば、単調だった日本語文の文末もすこしはにぎやかになるかもしれない。「……だった」がdatt、「……した」がshit、「……である」がdear となれば多少は目先が変ってくるかもしれない。しかし、たとえそうなってみたところで、「……だった」「……した」「……である」という文末の大元《おおもと》が保存されるかぎり五十歩百歩、古い単調さが新しい単調さと交替するだけのはなしだろう。いったいこの文末の単調さは日本語の宿痾《しゆくあ》なのだろうか。退屈な文末は日本語の宿命か。

チョムスキー言語理論の用語に「偶然の空白」(accidental gap) というのがある。対義語は「体系上の空白」(systematic gap) である。ある言語に、ある言語形式 (たとえば、一定の音結合をもった語、あるいは一定の意味内容をもった語) が存在しないとき、次の二つの場合が考えられる。ひとつはその言語の型に合うのに、偶然にもまだ存在していないという場合。坂田明らが創案し、タモリがひろめたハナモゲラ語の大半が、この「その言語 (ここでは日本語) の型に合うのに、偶然にもまだ存在していない」言語形式である。

今日は、フネハナシ、アタコソノで、ヤノ、アキコで、カレハレアレコレしました。スベハレコレのソデカネシ、ケベソレシミシハレノコロサタナで、ケシテアレのホデネリシ、シビシハレコレアレマシタ、どうもどうも。

エー、まず、ヘテハネに、材料アレコレハレシビシしますから、ペンコレサタ、チョーメンヘレアレコレシシテコセレするようにアレコレします。

まずスナモコシを一グラム、それからタベシロを三八九キログラム、ギニツ……「つぎに」ということで、スナモコシ。

スナモコシと言ってもこれが、スナモコシ、ハレモコシ、ハネモケラ、フナハレシ。このへんの活用形が、スナモロコ、スナモケレ、スナモロコケレ、スナモコロケレハレ、スナモコロケレハレコレシビ、スナモコロケレバカシ。これがヒジョーにむずかしくて二度と言えないんですが。エー、ハレモカサ、これを三グラム。

エー、それから調味料といたしまして、マッバヅエを三本、ダイハチグルマを半台、最後に全焼家屋を三軒用意してください。

エー、コソで、作り方をハレ、レヒリます。……

（坂田明「料理教室」。『冷し中華』四号所収）

なぜこのハナモゲラ語に日本人は腹を抱えて笑うのか。いかにも日本語らしいデタラメだからである。日本語らしくなければだれも耳を傾けようとせぬだろう。日本語のようではあるがまだ日本語には存在していなかった音結合、つまり「偶然の空白」、この空白を鹿爪《しかつめ》らしく埋めようとしているところにハナモゲラ語のおもしろさの大部分がある。

ところが、ある言語に、ある言語形式が存在しない場合の第二として、そもそもその言語の体系の上から存在するのが不可能であって、それで存在していないものがある。その言語の型に合わないから存在しないわけだが、これが「体系上の空白」である。「晴れ（名詞）がましい」「痴《し》れ（動詞）がまし」「わざと（副詞）がまし」は存在するのに、なぜ「美し（形容詞）がまし」はあり得ないのか。「接尾辞がまし（い）は名詞、動詞、副詞のあとに付いて形容句となるが、形容詞には付かない」という小体系が日本語の構造に隠されているからである。つまり「美しがまし」は体系上の空白なのだ。

　この二つの用語を文末の問題に重ねてみよう。多彩な文末が日本語文に存在しないのは偶然の空白か、あるいは体系上の、構造上の空白か。前者ならば、退屈で単調な文末は文章家の怠慢がもたらした罪の子である。後者であれば、退屈で単調な文末は宿命と諦《あきら》めて、その上で何か手をうたなくてはならない。ここでこの章の前半部分を思い出していただければありがたい。

「日本語において表現は文末で決定される。文末の実質を述語が担《にな》う。述語は動詞（＋《プラス》助動詞）である場合が圧倒的に多い。動詞の終止形は《……u》がほとんどである。また動詞たちは、じつにしばしば《時の助動詞・た》を従える。かくして文末は《……u（る）》、あるいは《た》の二本立てにならざるを得ない」。

　別に云えば、日本語がその顕著な特色である「文末決定性」を捨てないかぎり、単調な文末はついてまわるということだ。「行為者・目標・行為」（私は・音楽を・愛する）という基本形を捨てて、たとえば英語やフランス語のような「行為者・行為・目標」（I love music.）という基本形を、日本語の構造の中核に組み込むことができれば、文末が多彩なものになるということである。だが、そんなことは誰《だれ》の目にも明らかなように不可能事である。すなわち、日本語文において、多彩な文末は「体系上の空白」だ。多彩な文末など、ありはせぬのである。

作家たちはこの宿命を本能的に感得していた。そこで単調な文末を運命として受け入れ、それを必死で磨《みが》き上げ、おどろくべきことに一つの美学にまで高めたのである。その実例は枚挙にいとまが無いが、ここでは二つの文章をお読みいただこう。

静かな夜で、夜鳥《よどり》の声も聴えなかつた。そして下には薄い靄《もや》がかかり、村々の灯《ひ》も全く見えず、見えるものといへば星と、その下に何か大きな動物の背のやうな感じのする此《この》山の姿が薄く仰がれるだけで、彼は今、自分が一歩、永遠に通ずる路《みち》に踏出《ふみだ》したといふやうな事を考へてゐた。彼は少しも死の恐怖を感じなかつた。然《しか》し、若《も》し死ぬなら此《この》儘《まゝ》死んでも少しも憾《うら》むところはないと思つた。然し永遠に通ずるとは死ぬ事だといふ風にも考へてゐなかつた。

彼は膝《ひざ》に臂《ひぢ》を突いたまま、どれだけの間か眠つたらしく、不図《ふと》、眼を開《あ》いた時には何《い》時《つ》か、四辺《あたり》は青味勝ちの夜明けになつてゐた。星はまだ姿を隠さず、数だけが少くなつてゐた。空が柔かい青味を帯びてゐた。それを彼は慈愛を含んだ色だと云ふ風《ふう》に感じた。山裾《やますそ》の靄は晴れ、麓《ふもと》の村々の電灯が、まばらに眺《なが》められた。米子《よなご》の灯《ひ》も見え、遠く夜見《よみ》ケ浜《はま》の突先《とつさき》にある境港《さかひみなと》の灯も見えた。或《あ》る時間を置いて、時々強く光るのは美保《みほ》の関《せき》の灯台に違ひなかつた。湖のやうな中《なか》の海《うみ》は此山の陰《かげ》になつてゐる為《た》め未《ま》だ暗かつたが、外海《そとうみ》の方はもう海面に鼠色《ねずみいろ》の光を持つてゐた。

（志賀直哉『暗夜行路』第四㈨）

芸人達《たち》はそれぞれに天城《あまぎ》を越えた時と同じ荷物を持つた。おふくろの腕の輪に小犬が前足を載《の》せて旅馴《たびな》れた顔をしてゐた。湯ケ野を出《で》外《はつ》れると、また山にはいつた。海の上の朝日が山の腹を温《あたゝ》めてゐた。私達は朝日の方を眺めた。河津川の行手《ゆくて》に河津の浜が明るく開けてゐた。

「あれが大島なんですね。」

「あんなに大きく見えるんですもの、いらつしやいましね。」と踊子が言つた。

秋空が晴れ過ぎたためか、日に近い海は春のやうに霞《かす》んでゐた。ここから下田《しもだ》まで五里歩くのだつた。暫《しばら》くの間海が見え隠れしてゐた。千代子はのんびりと歌を歌ひ出した。

（川端康成『伊豆の踊子』）

もっと長く引用できれば事情はさらに明瞭《めいりよう》になるのだが、とにかく「……た」の連続なのにちっとも単調ではない。むしろ「……た」の連続は読む者の心の裡《うち》に快よいリズムを響かせる。「……た」の連打によるリズムが器《うつわ》だ。この器に意味が盛ってある。この器なしでは、われわれはことばの意味を自分の中に取り入れることはできない。だが、「……た」を連打させれば、よい文章が出来るということでは決してない。右の二例をいま一度よく吟味してみよう。どちらも自然と人間とを同時に捉《とら》えようとしている。そこがミソだ。「……た」の連打という単調な形式が、自然のこまかな変化やその美しいあらわれを人間との対比において描くことに奉仕している。人間が、自分の存在を自然の中で意識する瞬間、それを的確に剔出《てきしゅつ》するために言語形式が援用されているのである。別に云えばこうだ。言語には勝手に自己増殖するという厄介な癖がある。つまりことばとモノとの対応は曖昧《あいまい》だ。対応は常に危機に瀕《ひん》している。ことばはガン細胞さながら急速に殖えて、人間を圧殺しようとし、こうしてモノとの直接的なふれあいは次第に絶たれてゆく。モノと直接《じか》にふれあう機会の減少、これを言語自体の場で回復せしめること、それこそが文学言語の重要な仕事の一つだ。国木田独歩の『武蔵野《むさしの》』は日本語の文章表現に目ざましい改革を行ったが、なぜそれが改革であったかといえば、二葉亭《ふたばてい》訳のツルゲーネフに導かれて、自然と人間との対比を描く散文の骨法を創《つく》り出したからに他ならない（『武蔵野』の場合は「……る」の連打である）。

自然を捉えるには、目、耳、鼻、肌《はだ》など、人間の感覚器官を全開しなければならない。『暗夜行路』では目が主で耳が従、『伊豆の踊子』では主として目、そして『武蔵野』では耳が主で目が従、小さな差異はあるが、感覚器官の全開がみられる。自然に感覚器官をぶっつけ、客観世界と親しくふれあう。このふれ合いによって精神が踊り出し、自然と自己が同時に発見される。このときこそ文章が踊り出すのである。こうして文学言語が誕生する。

雨の早朝、鳥《バード》は「赤ちゃんに異常があります」という電話を受け、自転車で病院へ向う。鳥《バード》は客観世界に怯《おび》えながらペダルを踏む。彼の怯えはやがて読者のものにもなるのであるが、それというのも作者が鳥《バード》の感覚を全開させているからであろう。「日本文学史上もっともみずみずしい自転車走行シーン」を引用してこの項を終ることにしよう。われわれは怯えながらも心を洗われずにはいない。

……鳥《バード》は風圧にさからって上体を右にかたむけ、自転車のバランスをとりながら走る。舗道のアスファルトを水の薄い膜がおおっているのを疾走する自転車のタイヤがこまかく波だたせ小さな霧のように飛びちらせる。それを見おろしながら体をななめにかしがせて自転車を走らせているうちに、鳥《バード》は眼まいを感じる。かれは顔をあげた。見わたすかぎり夜明けの舗道にはいかなる人影もない。舗道をかこむ並木の銀杏《いちょう》は濃く厚く葉を茂らせ、それら数しれない葉のそれぞれが豊かに水滴を吸いこんで重おもしくふくらんでいる。黒い樹幹が、深い緑の海のかたまりを支えているのだ。もしそれらの海がいっせいに崩壊したなら、鳥《バード》は自転車もろとも、青くさく匂《にお》いたてる洪水《こうずい》に溺《おぼ》れるだろう。鳥《バード》は樹木群がかれを脅かすのを感じる。はるか高み、梢《こずえ》のあたりの秀でた葉むらは、風にざわざわ鳴っている。鳥《バード》は茂った木立に狭《せば》められた東の空を見あげた。いちめんにそこは灰黒色だが、その奥底にわずかながら薄桃色に滲《にじ》んでいる陽《ひ》の気配がある。卑《いや》しげに羞《は》じているような空と、駈《か》ける尨犬《むくいぬ》のように荒あらしくそこを乱している雲。数羽のオナガが、鳥《バード》のすぐまえを野良猫《のらねこ》さながらふてぶてしく横切ってかれをよろめかせた。鳥《バード》はオナガの群の淡青色の尾に銀色の水滴が虱《しらみ》のようにたかっているのを見た。鳥《バード》は自分が怯えやすくなっていること、自分の眼、自分の耳、自分の鼻の感覚が、過度に鋭くなっていることに気づく。……

（大江健三郎『個人的な体験』）

冒頭と結尾

一

谷崎潤一郎の『文章読本』がすこぶる示唆《しさ》に富んだ、入門書の中の入門書であることは改めて断わるまでもないが、しかしそれでも意味のよくとれないところが数個所あって、長いあいだ頭を悩ませてきた。たとえば次のような個所がよくは飲み込めない。

私は、**文章に実用的と芸術的との区別はない**と思ひます。文章の要は何かと云へば、自分の心の中にあること、自分の云ひたいと思ふことを、出来るだけその通りに、且《かつ》明瞭に伝へることにあるのでありまして、手紙を書くにも小説を書くにも、別段それ以外の書きやうはありません。昔は「華を去り実に就く」のが文章の本旨だとされたことがありますが、それはどう云ふことかと云へば、余計な飾り気を除いて実際に必要な言葉だけで書く、と云ふことであります。さうしてみれば、最も実用的なものが、最もすぐれた文章であります。

たしかに当っている。実用的な文章と芸術的な文章とでは語彙《ごい》や文法がまったくちがうというわけではない。どちらも素材とするものは同じ日本語の語彙であり、統辞法は日本語文法の支配をうける。二つを区別するのはかえっておかしいのかもしれない。

だが、理屈では当っていても実際はどうか。われわれは友人に手紙を書くときの気楽な調子で芸術的な文章をものすることができるだろうか。芸術的な文章ではなんだか据《すわ》りが悪いので、これからは「鑑賞の対象となりうるような言語表現」、縮めて鑑賞用の文章と云うことにするが、余人は知らず筆者には恋文を認《したた》めるようには、恋愛小説を書くことができない。つまりせっかくの大谷崎の教えなのに、筆者には猫《ねこ》に小判で、そのありがた味がよくわからないのである。同じ感想をおもちの読者も大勢おいでだろうと思うけれど、とにかくわからないものは役に立たない。ここは自前の智恵で、なぜ実用文はさほどでもないのに鑑賞用の文章を書く段になると脂汗《あぶらあせ》や冷汗が流れ出すのか、それを突き止めなくてはならない。べつに云えば、鑑賞用の文章は実用文とどこがどうちがうのだろうか。実用文の世界をひとわたり探険してみよう。そのほうがかえって鑑賞用の文章の正体をより鮮かに浮びあがらせるかもしれないから。

新聞の文章は大別して三つあると思われる。事実を知らせる記事と、これよりはやや抽象度の高い論説記事、そして三つめは冗文率の高い記事である。ここで横道にそれるが、冗文率というのは「遊びの割合」のことで、たとえば左の記事は、たいへん簡潔なので、冗文率は低い。

タイ女性に売春させる
二千万円荒稼ぎ

大阪府警保安課と豊中署は、タイ女性をスナックなどで働かせたうえ売春させ、昨年三月から今年三月までの間に二千数百万円を稼いでいた吹田市内本町一ノ一〇ノ一一、旭ファイブ三〇二号、建築請負業、壱岐学（31）を七日までに、売春防止法違反容疑で身柄送検するとともに、タイ女性五人を大阪入国管理局に引き渡した。

（昭和五十七年四月七日付「日本経済新聞」夕刊）

まったく無駄《むだ》なところはない。冗文率はだから零《ゼロ》である。それどころか無駄がなさすぎて、文意が妙な塩梅《あんばい》になっている。これでは「大阪府警保安課と豊中署は、タイ女性をスナックなどで働かせたうえ売春させ」ていたと読める。むろん最後まで読めば大阪府警と豊中署がもぐりで売春をやっていたのではなく、逆に不届きな商売をしていた者を取っ捕えたのだというこことがわかる仕掛けになっている。さらに新聞の読者は新聞の読み方を心得ている。「警察が売春をしていたとなれば大事件だから、こんな小さな扱いにはならないはずだ」と思って読むから混乱することはない。もう一つ、読者は本文に入る前にすばやく見出しを読み取っている。警察が売春をさせていたのであれば、見出しは「警察が売春　タイ女性をつかって荒稼ぎ」となっていたにちがいない。ところがそうなっていないところを見ると、だれか他の人間が荒稼ぎをしていたのだろう。そう思うから、接続具合におかしいところのあるこの記事さえも読者は正しく読むのである。別言すれば、紙面におけるその位置、記事量の多少、そして見出しに助けられて、冗文率が零以下の舌足らずの文章でもなんとか通用しているわけだ。冗文率の説明はこれでおしまいだが、あまり簡潔な文章ばかりでは息が詰まる。そこで各紙とも意識的に冗文率の高い文章を紙面のあちこちに散りばめている。その典型が「天声人語」や「余録」や「編集手帳」だが、これらの冗文率の高い文章や論説記事は、文章のよしあしが問題になる点で鑑賞用の文章と似ているので、今はこれを勘定に入れずに、事実を知らせる新聞記事の文章にのみ話をしぼってみよう。どなたもご存知のように新聞記事の文章は、アメリカのAP通信社がながい間の蓄積をもとにつくりあげたと伝えられる「逆ピラミッド型三段構えの方式」を踏まえて書かれている。まず見出し《ヘッドライン》があり、次に前書《リー》き《ド》（要約）があり、最後に本文《ボディ》がくる、これが三段構えである。前掲の記事のように短いものの場合は前書きが省かれるが、とにかくこの型は厳守されている。また逆ピラミッドというのは本文《ボディ》の書き方についての心得で、クライマックスからはじめて、脇筋《わきすじ》はどんどんあとへ譲ってゆく。事件のはじまりやその経過は二の次三の次にして、事件の山場をいきなり本文の頭へ持ってくるのである。「読者は多忙である。どこで読むのをやめてもよいように重要なものから先に並べよ」という、これはありがたい志なのだろう。

新聞記事の文章と肩を並べる実用文の一方の雄は手紙の文章だろう。これは冒頭と結尾に型がある。鷗外《おうがい》は手紙の冒頭を「拝呈」ではじめるのを好んだ。漱石《そうせき》と芥川《あくたがわ》が愛用したのは「拝啓」である。親しい友人や後輩には二人とも「啓」の一字。そういえば啄木《たくぼく》もまた友人には「啓」と記してから本文をはじめている。斎藤茂吉は、

〈お互に注意して読め〉拝啓○目下往復切符は売らないのであるが、特別に買つてもらふことにした二十三日に切符を買つて速達にて送る、さうすると二十四日、二十五日、二十六日、二十七日まで期限があるから、都合で二十五日に、或《あるい》は二十六日あたりに乗りなさい。汽車は夜の七時二十分秋田行（直行）或は夜の三十〔原〕時（福島乗換）かいづれでもよい。○黒江二郎氏ノ経験。上野駅に、（午后七時二十分発ノタメ）午後一時前（或はもつと前に）ごろに行くともう千人以上もゐるが、その列に並んで居ると、物売が来る度毎《たびごと》に群衆が動揺して物売の処《ところ》に集る。そのスキに電光の如《ごと》くに、三四人分前に進むのである。それを十回も繰返すと、ずつと前の方へ進まれて、百人め位まで漕《こ》ぎつけられるさうだ。さうすれば、午後七時二十分の汽車に大丈夫乗ることが出来るさうである。○夜は寒いから、防寒帽（防空帽）、と膝《ひざ》から下を蔽《おほ》ふもの何か工夫。○弁当（お握りは二日分必要

なるべし）〇小便も万一の時を顧慮し、ハトロン紙の袋（のりは御飯ツブの丈夫のの り）（父ノ工夫）を二つばかり、小便して、口元をシバリ停車し〔原〕時に窓から棄《す》てれば何でもなく、座席で小便することが出来る。右は決定的だから、今度は変更しないつもりである。切符の件も、特別の特別で千載の一会のやうでもあるから、どうか、尊重して実行してください。右につき返事（速達下さい）〇このことに関しては、ちつとも返事がないが、どうした事かと思つてゐた〇八日の午前二時頃、東京から秋田行の汽車の郵便車が焼けたさうだから、その中にお前らの手紙があつたら、焼けた筈《はず》である。父より

宗吉どの茂太どの

十一日午後認《したた》め十二日投函《とうかん》（昭和二十一年一月十二日／斎藤宗吉・斎藤茂太宛／岩波版全集第三十五巻所収）

右のように「拝啓」ではじめるのが常だった。筆者は斎藤茂吉の書簡集を愛好するものの一人であるが、右の一通はそのなかでも白眉《はくび》といっていい。配給だけでは東京の生活はなりたつまい、食べ盛りの松本高校生徒宗吉（後年の北杜夫《もりお》氏であることは云うまでもない）を山形県の上ノ山へ呼んでやろうと、しきりに気を揉《も》んでいる父親の姿が命令調の文面のうしろにはっきりと見えている。事情はせっぱ詰っているが、気分はほのぼの、あたたかい。加えて、当時の交通事情が詳しく述べられており、資料としても貴重である。この半年あと、筆者も

この午後七時二十分上野発秋田行の直行列車に乗り合せたが、たしかにハトロン紙の袋に用を足す乗客がいた。そして生温いハトロン紙の袋は「どうかリレーしてやってください」という声とともに、慎重この上もなく窓際の客のところまで手渡されて行った。話はまたしても脱線してしまったが、新聞記事や手紙文が鑑賞用の文章とくらべるとはるかに取っつきやすそうに思われるのは、そこに「型」があるからではないだろうか。とりわけ、冒頭の定形化しているのが大きい。冒頭が定形化していること、これが大事なカンドコロである。

商用文になると文章の定形化は極端まで推し進められている。商用文研究の第一人者で、歌人、詩人、国語学者でもあった服部嘉香《はっとりかこう》（一八八六〜一九七五）は商用文を二十七の要素に定形化した。この服部方式による商用文の定形化は今、流行のオフィス・コンピューターにそっくり取り入れられているが、その大略は次の如くである。

前付

①番号（差し出すべき書簡の番号）
②日付（それを差し出した当日の年月日。ときには時間も）
③地名（その書簡を差し出した地名）
④署名（発信者の団体名称。あるいは個人の姓名）
⑤添署名（発信責任者の部課名、姓名あるいは押印）
⑥宛名（受信者の団体名、あるいは個人名）

⑦特指名（受信当事者の部課名、あるいは姓名）
⑧敬称（右に付すべき「殿」、「様」、「御中」）
⑨脇付《わきづけ》（受信者名に付すべき「侍史」、「御侍史」、「御中」）

本文…………………………

⑩件名（一文の要旨を掲げて見出しとする）
⑪頭語（「拝啓」、「謹啓」）
⑫時候挨拶《あいさつ》（「軽暖の候」、「秋涼の候」の類）
⑬安否挨拶（健康または繁昌を賀する挨拶）
⑭感謝挨拶（平素の愛顧、好意、または注文等に対する感謝）
⑮陳謝挨拶（不注意または不都合を陳謝する挨拶）
⑯起辞（「さて」など）
⑰主文
⑱第二起辞（「この段」、「先ずは」、「先ずは右」など）
⑲収結挨拶（「御通知までございます」の類）
⑳添加挨拶（自愛もしくは将来の愛顧、助力を祈る）
㉑結語（「敬具」、「以上」など）

…………………………

副文
㉒第三起辞（「追伸」、「二伸」、「なお」など）
㉓追加（本文中に漏れたことの書き添え）
㉔反覆（本文中の記事に念を押す）
㉕別記（本文の中、または奥に、別行の表として掲げる）

……………………………………

別紙
㉖付属書類（見積書、明細書、請求書、領収書など）
㉗封入物（入場券、プログラム、振替用紙など）

どんなに膨大な商用文も右の二十七の要素に還元されてしまう、というのだからおどろく。さらにおどろくことは、⑰主文、㉓追加、㉔反覆以外は、すでに用語や常套句《じょうとうく》や紋切型の文章が用意されているという事実である。しかも副文のない場合が多いから、商業文の書き手が智恵をしぼるのは、結局は⑰主文だけということになる。これならラクだ。すこしは苦労するだろうが、⑪から⑯までの滑り出しはすでに用意されているものを按配《あんばい》すればいいのだから、文章は半ば自動的に書きはじめられているといってよいだろう。冒頭の一句が得られれば文章はもう三分の一ぐらいはできたと同じ、実にラクだ。

ずいぶん強引なことをいうようだが、実用文では冒頭の一句がすでに与えられているから、鑑賞用の文章よりはいくらか、ときにはずっと易しい。たとえ与えられていなくても、冒頭の一句を探し出す方法ははっきりとある。さらに実用文の場合、書き手は事件や用件をしっかりと把握《はあく》している。書くべきこと、云うべきことが脳中にはっきりと在《あ》る。冒頭の一句が得られれば、それを突破口に事件や用件が次々に出てくる、言語化される。ところが鑑賞用文章は冒頭をどうはじめてもよいから、それだけにかえってむずかしい。取りつく島がない、突破口がない。しかも書くべきこと、云うべきことが事件や用件とちがって混沌《こんとん》としている場合が多いから、なおさらむずかしいのである。

　物を書いて生計を立てている、いわゆるプロのなかには（あまり感心したことではないけれど）、冒頭の一句を、突破口を、あらかじめこうだと決めておいて仕事にかかる人もすくなくない。たとえば校歌作詞家としての折口信夫《おりくちしのぶ》がそうであった。折口信夫は二十三校の校歌をつくったが、半数以上の十四が同じパターンを持っている。すなわち三番仕立てにして、一番を朝、二番を昼、そして三番を夜にするというのがそれである。昭和六年四月三十日制定の石川県立大聖寺高等女学校の校歌が折口式の基本型で、それはこうだ。

一　とほ〳〵し
雲居《クモヰ》に見ゆる
白山《シラヤマ》を
心しまりに

仰ぐこの朝

二　大聖寺
ちまたにぎはふ
日のまひる
満《み》ちゆくわれも
をとめのさかり

三　夕されば
潮《シホ》せの波の
たかまりに
心しづめて
書《フミ》よむわれは

　この基本型が新潟市立山ノ下中学校校歌（昭和二十六年四月一日制定）では「㈠新潟の山の下海かすむ朝なれば　㈡新潟の山の下　昼たけて街《マチ》の音　㈢新潟の山の下　静かなる夜到り」と変化して行く。千葉県市川市立八幡小学校校歌（昭和二十七年十一月三日制定）はほれぼれするような歌詞だが、パターンはいつもの朝昼夜である。「㈠吾等が上の青空は　鳥鳴く　鳥鳴く　朝の晴れ　今日も　勉めむ　わが友よ　㈡吾等が学ぶ教室に　昼の日　隈なく照りわ

たり　塵一つなき　うるはしさ　㈢われらの窓に　ともし燈《ビ》の　明るき夜来《ヨル》ぬ　省みて　けふは　よかりし　ひと日かな」

―冒頭の一句、あるいは構造の定形化は、その書き手の個性かもしれないので、いちがいに非難されるべきものではない。がしかしとにかく折口信夫にとっては、校歌は実用文の一種であったのかもしれない。

二

たとえばここに二つの実用文がある。

ウェルズ Wells, Horace 1815～48. アメリカの歯科医。麻酔学の先覚者。コネティカット州のハートフォードで診療に従事（一八三六）。彼は、イギリスの化学者H・デーヴィが亜酸化窒素（笑気N_2O）の麻酔作用を認めた（一八〇〇）ことに注目し、これを自分の抜歯に応用して無痛を証明した（四四）。翌年ボストンの病院でこれを公開したが、この時は不結果に終った。彼の功績はのちに認められて、パリのアメリカ広場にも記念像が建てられた。

（岩波西洋人名辞典。原文横書き）

ウェルズ Wells, Horace 1815～48 アメリカの歯科医、笑気麻酔法の創始者。〔経歴、業績〕バーモント州ハートフォードに生まれる。一八四四年十二月十日G. Q. Coltonが見世物として笑気吸入の実験をしていた際、その被験者のS. A. Cooleyが、吸入中に向こう脛《ずね》を強打し出血したが痛がらなかったことに彼は興味をもち、笑気を抜歯に用いてみようと考えた。翌十一日、みずから笑気を吸い自分の智歯の抜歯をリッグズJ. M. Riggs（歯槽膿漏《しそうのうろう》の研究者）に行わせたがまったく無痛であったのに驚き、この体験にもとづきRiggsと協力して、十五例の無痛抜歯に成功した。彼はこの方法を公開実験するために、マサチューセッツ総合病院で外科医J. C. Warrenを前にして医学生に対し笑気麻酔のもとに抜歯を行ってみせたが、失敗し信用を失った。その後も彼はみずから笑気の吸入実験を繰返したため健康を害し、ニューヨークで通行人に硫酸をかけたことから刑務所に入れられた。四八年クロロホルムで自分を麻酔し、意識を失う直前かみそりで大腿《だいたい》動脈を切り自殺した。

（講談社医科学大事典。原文横書き）

ウェルズの小さな伝記として、岩波と講談社のどちらがより優れているか。と問う人がもしいたら、それは余計なお世話というものだろう。どちらも有益である。だいたい記事の分量が、岩波は講談社の二分の一とずいぶんちがうし、とても同日には論じられないが、それでも無理を承知でなにか云うとすれば、岩波の分量がそんなにも少いのに、ちゃんとデーヴイだの亜酸化窒素だのを出してきているあたりはさすがだ。読者はこの二個の名詞を手がかりに麻酔についての知識をいっそう深めることができるだろうからである。ただし両刃の剣というやつで、岩波のものは人物や事物の名に頼りすぎており、記憶には不便である。もとより分量が少い分だけ名詞に依存しなければならないという事情を充分承知した上で云っているのだけれども。

記憶し、それを再生する（思い出す）場合、事物思い出し型と言語思い出し型の二つのタイプがあることはひろく知られている。たとえばネコという内容を再生するのに、ネコの具体的な姿を思い浮べるのが事物思い出し型で、ネコの姿より先に、「猫」「ねこ」「ネコ」とコトバを思い浮べるのが言語思い出し型である。付言するまでもないが、甲さんは事物思い出し型、乙さんは言語思い出し型と、人によってちがうわけではない。われわれは二つの記憶再生法を使いこなしているのである。社会、国家、宇宙、財閥、戦争、停戦、平和、自由、値打、関係、法などの概念は、どうも具体的な姿を思い浮べることができにくく、再生のとっかかりをまずコトバに仰ぐほかはない。

オーストラリアに住んでいたとき、目と鼻の先で交通事故を目撃したことがある。筆者のすぐ隣りで信号の walk に変るのを待っていた六、七歳ぐらいの少女が、横の母親を見上げて何か言っているうちに歩道の端を踏み外し、平衡を失って車道へよろよろと泳ぎ出た。そこへ時速八〇粁《キロ》かそれ以上の速度で大型の乗用車が突っ込んで来た。少女はバンパーで跳ね上げられて地面に落ち、また跳ね上げられて鞠《まり》のように弾んで五十米《メートル》も持って行かれてしまった。母親は買物袋を両腕に抱えたままそのあたりをただウロウロと歩き回り、（ここで記憶に空白があるが）運転者の青年が歩道に運びあげられた少女の前に膝《ひざ》まずき、血の吹き出すのも構わず額を大地に打ちつけていた……。この光景をコトバから先に思い浮べるのはむずかしい。まず光景が勢いよく浮びあがってくる。

このように記憶のほうでも再生のされ方を選ぶ。がしかしどちらが多用されるかとなると、それは断然、事物思い出し型である。講談社の記事は分量の多さを生かしてウェルズの生涯を、見世物小屋での着想、治療室での実験、敵役の外科医の前での公開実験、笑気ガス実験でゲタゲタ笑いながらの絶望、クロロホルムとかみそりによる自殺の、五つの場面にまとめてみせた。述定の力点を場面の描出においたのである。ウェルズの生涯《しょうがい》をわずか数場面にしてしまうことの是非はとにかく、この処理によって講談社の記事は記憶されやすく、したがって再生のしやすいものになったことはたしかである。読者はウェルズという人物に、「笑気麻酔法の創始者」、「おもしろい着想のしかたをした人」、「自殺にも麻酔法をとりいれた人」、「ここぞというときに失敗した人」、「先駆者の悲劇」、「笑いのガスにとりつかれた笑えない一生」というように何本もの検索糸をくりつけて、それぞれの記憶の海に沈めてしまう。

ところでこの記憶の海のことを正しくは長期記憶と称することもひろく知られている。長期記憶には、おびただしい数の過去の体験が、実体験、映像体験、言語体験を問わず、びっしりと詰まっている。それから定理に公理に信念に見解、あるいは何万もの名前と数千の重要基本語彙《ごい》。これらの構成要素が一定の原理によって統合されており、いわば長期記憶はひとつの巨大なシステムである。システムというぐらいだから、長期記憶の中味はそうやたら変更されることはなく、海のように大きく、そして静かに波うっている。

もうひとつ、短期記憶と称するものがある。読んだり聞いたりした文、見た光景などを一時的に記憶し、保持する部分で、その容量はおどろくほど少い。単語数にして、七、八語というから、浜辺のそばの小さな水たまりといったところだ。計算機科学専攻の田中穂積《ほづみ》は、この長期記憶と短期記憶とのあいだに中期記憶というものがあるのではないかと唱えているが、これがなかなかおもしろい考え方なので紹介させていただこう。まず田中は、「長期記憶の内容は時々刻々変化する性質のものではないから、時々刻々変化進展する談話が、長期記憶に記憶されはしない」と考えた。この場合、談話を読書や観劇、映画観賞、汽車の旅の車窓から見える景色などと読みかえても一向に差支えなかろう。では時々刻々変化進展する談話はどこに記憶されるのか。短期記憶の容量は七、八語前後であるから、談話の内容を保持することはできない。そこで田中は「この問題を解決するために、長期記憶と短期記憶の中間に中期記憶があるとする考えを採用したらどうか」と思いついた。つまり中期記憶とは、談話のなかで言及された話題、そしてそれらの話題を整理し、組織化したものを記憶する部分だとするのである。たとえば麻酔科学専攻の水口公信《ただのぶ》（国立がんセンター病院）に、痛みについて述べた次のような文章がある。

……怪我《けが》をして外からの侵襲を受けたとすると、それによって生じたインパルス信号は脳に達し、ある感覚を生ずる。しかし、それが必ずしも痛みとして受け止められるとは限らない。そのときの覚醒《かくせい》水準、その人の性格、不安などの情動のあり方、痛みの原因・理由を理解する能力、痛みの場所、宗教・文化などの背景が関与しているためである。

（「痛みと不安の臨床心理」。「サイコロジー」81年12月号。原文横書き）

読者はこの文章を次々に短期記憶に入力させながら読み進む。入力文は中期記憶によって意味解釈を施され、推理、推論を加えられて、たとえば「同じ傷でも人によって痛み方がちがうらしい」という情報となって、中期記憶の深層に保持される。

……例えばビーチャー（Beecher）は二一五人の戦争で傷ついた兵隊の痛みを調査したところ、二五％しか痛みのために麻薬を必要としなかった。ところが、同じ程度の外科手術を受けた市民では傷の痛みに対して八〇％の人が鎮痛薬を必要としたと述べている。

「同じ傷でも人によって痛み方がちがう」という旧情報に、新情報「やはり兵士の方が、市民の三倍以上も我慢強いらしい」が加わる。だが、これに続く文章が中期記憶の深層に蓄えられた情報群の質を一挙に変えてしまう。それはこうだ。

……これには《(ママ)》戦場での負傷は安全に故郷の家族のもとに帰れる切符を意味し、死を免れるものであるのに反して、市民の手術の傷は疾病《しっぺい》に起因する不安がかかわりをもつために、痛みを強く感ずると解釈できる。

死が日常の戦場と、そうでない平和な都市とでは、傷の持つ意味が逆なのだ。一方の痛みは死から遠ざかるための切符であり、他方の痛みは死へ近づいて行くおそろしい切符である。べつにいえば、兵士もわれわれと背丈の同じ人間だった。こうして長期記憶のなかの「兵士は市民より我慢強い」という定理、あるいは信念は入れかえなければならなくなる。システムの組みかえが行われる。新しい定理、あるいは信念、それは「彼も人なり、我も人なり」というものであるかもしれない。という次第で、ある文章が長期記憶のなかの定理や信念などの体系の要所にまで働きかけてシステムの組みかえを迫ったとき、われわれはこれを言語体験と呼ぶ。とこう大風呂敷をひろげ大見得を切ったところで何ひとつ解決するわけではないが、それはとにかくとして、鑑賞用の文章はすべて、その文章によって読者の長期記憶の体系の要所にさまざまな形で接触しようという企てのもとになされるものであることは、まちがいない事実であろう。これを逆にいうと、名文と折紙つきの文章でも、ある読者の長期記憶のどこかが揺さぶられないとしたら、その名文はその読者にとって名文でもなんでもありはしないわけで、先に掲げた講談社の記事や水口論文が筆者にとって一種の名文であったのは、それらを読むことで当方の長期記憶に微《かす》かながら振動が生じたからである。

このように、書く側からではなしに、読みとる側から文章を考察すると、いろんなことが見えてくる。商業文は実用文の最たるものだが、前に調べたように二十七の要素のうち、書き手が智恵をしぼるのは主文だけ、他はすべて定形化されているのはなぜか。商業文は相手方＝読み手の長期記憶になるべく踏み込まぬように書くのを本筋とするからにちがいない。なにかといって主文だけ書いて送るのもぶっきら棒だから、主文の前後を紋切型で定形化する。定形化されている部分は挨拶《あいさつ》ですから短期記憶で処理してください、読むそばから忘れてくださいい、と言っているのだ。そして主文は相手方の中期記憶に情報化して蓄積され、相手方が主文の内容を処理したところで、一切は記憶から消えてしまう（むろん文書類は残るが）。

ところで中期記憶ではいろいろとおもしろいことがおこる。たとえば認知心理学の大村彰道は、

個々ばらばらに伝達された内容であっても、あるいは不十分にしか述べられていない

内容であっても、われわれは、足りない部分を補い、全体を総合して、まとまった形で理解し、記憶しようとするのである。これが、読解に関する人間の情報処理の特徴である。／実際には文に表現されていないことでも、読者は前後の文脈や一般常識を用いて、足りない部分を推理し、つじつまの合うように文を「創作」して理解記憶するのである。例えば、キーナン、キンチュ、マクーン達の研究で明らかになったように、

「燃えさしのタバコが不注意に捨てられた。火事は広い原生林を破壊した。」

という二文を読んだ読者は、これらを読んだ瞬間に、「捨てられたタバコから火事が起った」という意味の文を「創作」して記憶してしまうのである。論理的に考えると、タバコと山火事とは関係なかったのかも知れないのだけれど。

（「読解における推理のはたらき」。原文横書き。強調は井上）

といっているが、読者が読みつつ創作するのも、この中期記憶においてであるに相違ない。この中期記憶における読み手の創作力を逆用するのがドンデン返しの好きな推理小説家たちだ。彼等は誤った方向へ読者の創作力を発揮させ、最後に「みなさん、勝手に話を創《つく》ってはいけませんな。よく読んでいただけたらそうはならなかったでしょうに」と、すべてを引っくり返してしまうのだ。その衝撃が中期記憶の深層にたまっていた情報群を瞬時に変質させ、「だまされておもしろかった」という体験が記憶の海へ沈む。こうしてその小説は読者の長

期記憶システムの構成要素となるのである。

一方、読む側の中期記憶における創作力の発揮を極端におそれる作家もいて、その代表格が鷗外である。『最後の一句』は、斬罪《ざんざい》に処せられようとしている父親のために、十六歳の娘が「父の命を助けて、其《その》代りに自分と妹のまつ、とく、弟の初五郎をおしおきにして戴《いたゞ》きたい、実子でない長太郎だけはお許下さるやうに」と認《したた》めた願書を大坂奉行に差し出すはなしだが、結尾近くに読者の勝手な創作を封じるかのような文章がある。

次に長女いちが調べられた。当年十六歳にしては、少し稚《をさな》く見える、瘦肉《やせじし》の小娘である。しかしこれは些《ちと》の臆《おく》する気色《けしき》もなしに、一部始終の陳述をした。祖母の話を物陰から聞いた事、夜になつて床に入つてから、出願を思ひ立つた事、妹まつに打明けて勧誘した事、自分で願書を書いた事、長太郎が目を醒《さま》したので同行を許し、奉行所の町名を聞いてから、案内をさせた事、奉行所に来て門番と応対し、次いで詰衆の与力《よりき》に願書の取次を頼んだ事、与力等に強要せられて帰つた事、凡《およ》そ前日来経歴した事を問はれる儘《まゝ》に、はつきり答へた。

「……一部始終の陳述をした」以下は完全に重複しており、気のきいた作家なら、これは枝葉、と云って切り捨ててしまうにちがいないのに鷗外はここを先途とそれまでの梗概《こうがい》を書く。

『高瀬舟』でも、また他の小説でもこの手法がつかわれているが、これは読者の創作力に由来する微妙な思いちがいを修正して、一気にクライマックスへ拉致《らち》するための仕掛けだろうと思われる。「わたしの与えた情報はかくかくであった。これを確認してこそ、あなたはクライマックスの感動を十全に体験できよう」と鷗外は云っているかのようである。たしかに結末は感動的で、筆者はその感動を長期記憶に組みこむのだが、どうも窮屈な感じが残るのは否《いな》めない。読み取り過程での読者側の創作力をぴしゃりと禁じられているからである。

三

〈言語は、音楽と似ていて、時間的なものである。ことばは時間の流れの上を一刻一刻展開していく〉という時枝誠記《ときえだもとき》の発見を、ささやかな実験で論証してみることにする。

たとえばここに「社会」ということばがある。音にすれば「シャ・カ・イ」である。時間の流れの上にまずシャという音が発せられ、ついでカが、おしまいにイが発せられて、意味をもったことばになる。だが、この順序が崩れてシャが先頭から後尾に回り「カ・イ・シャ」となると「会社」である。「イ・シャ・カ」という順に発音されれば「医者か」となって、さらに別の意味になる。

ここでふと、建築や絵画にしても同じことではないだろうか、という疑問が湧《わ》く。土台のないところへ柱の立つ道理はなく、柱がなければ屋根は乗らない。やはり時間の流れの軸に沿って建築工事が展開されるのではないか。同様に龍や蛇《へび》の絵を描いて渡世する浅草六区の大道絵師は「目玉は最後の最後に入れるものさ」と言い張るかもしれない。また料理人は「目玉焼をつくるのでさえ時間の流れに沿わなくちゃならぬのだぜ。第一にバターを落す。第二が卵だ。この順序が逆になると、玉子がフライパンの底にこびりついてしまう」と目玉を皿《さら》のようにするだろう。

そこで、もっと話をはっきりさせるために、作り手＝発信者ではなく、受け手＝受信者の側に立って眺《なが》め直してみる。すると国会議事堂は土台から眺めようが、天辺《てっぺん》の尖《とん》がりから眺めようが国会議事堂であることがわかる。遠望したら狸御殿《たぬきごてん》だったなどはあり得ない（ことを祈る）。龍や蛇はどこから見ても龍や蛇であって、もしも縄《なわ》やパンダに見えたなら、それは絵師の技倆《うで》の問題だろう。目玉焼は、白身から喰《く》おうと黄身から片付けようと、時間的な順序にかかわりなく、それは目玉焼である。だが、この場合でも、ことばや音楽では、時間的な順序が大いに問題になる。新婚夫婦が海水浴に出かける。そのとき妻が「わたし、ウキワをしなくちゃ」といっても、夫はべつに腹を立てたりはしないだろう。しかしもし妻がウキワの時間的な順序を入れ換えてウワキと発語したらどうか。その海水浴は不幸な結果に終る公算が大きい。就職試験の面接で、その会社の経営者の座右の銘が「一に我慢二も我慢、三四がなくて五も我慢」だということを知っている青年が、「ところできみは世の中で一等大切なものは何だと考えているのかね」と問われる。このとき青年がガマンの時間的な順序を

（たぶん硬くなっていたせいで）マンガと入れ換えてしまい、「一に漫画二も漫画、三四がなくて五も漫画です」と答えたらどうなるか。「他社《よそ》をあたってみてください」と抓《つま》み出されるだろうことは目に見えている。まことにことばは時間の申し子の最たるもののうちの一つである。

一片のことばでさえこうだから、ことばにことばの結びついた句、句に句を重ねた文、文のいくつも連結された文章が、よりいっそう密接に、そして厳格に時間とかかわってくるだろうことは見易《みやす》い道理だろう。「冒頭と結尾」などという奇妙な題を振り、エンエンとこだわっているのも、この文章と時間とのかかわり合いを何とかつきとめようとの悪あがきにほかならない。言うまでもないが、文章とは、冒頭から結尾にいたる時間の展開であると唱えたのは、筆者が最初ではない。先賢たちはとうの昔にこれに気付いていた。明治以前は古文や和歌の解釈がもっぱらとされ、文はあまり意識されなかったようだが、明治になると西洋文典の影響もあって大勢の学者が浅い深いの違いはあれ、ここに鍬《くわ》を入れている。その中では最も初期の、国学者の中根淑《なかねきよし》（天保一〇／一八三九〜大正二／一九一三）の文意識を見ることにしよう。ちなみに中根は明治二十年代の思想界をリードした綜合雑誌「国民之友」（徳富《とくとみ》蘇峰《そほう》主筆）の常連寄稿者であり、文芸雑誌「都の花」（明治二一〜二六年。月二回発行）の編集発行人であった。とくに後者は重要である。周知のように二葉亭四迷の『めぐりあひ』や『浮雲――第三編』は、この「都の花」に掲載されたのである。樋口一葉《ひぐちいちよう》の『うもれ木』や

『暁月夜』もこの「都の花」に載った。そして花袋や藤村や独歩は「都の花」の愛読者だった。これから引用するのは、中根の著した『日本文典』(明治九年)下巻の文章論の一節だが、この文典は明治二十年代まで、諸学校の教科書として広く用いられた。

凡《オヨソ》文章ヲ作ルニ方《アタ》リ、諸種ノ詞《コトバ》ヲ法則ノ如《ゴト》ク用フルハ、固《モト》ヨリ当然ノ事ナレ共《ドモ》、是《コレ》ハ即《スナハチ》言語ノ法則ニシテ、文章ノ法ニハ非《アラ》ザルナリ、蓋《ケダシ》文章ノ法ト云フハ、起語・結語ノ二ヲ、正ク用フルヲ第一義トス、請フ之《コレ》ヲ左ニ弁ゼン、

起語トハ言ヲ発スルニ方リ、其《ソ》ノ意味ニ従ヒ、・人ハ・ト云ヒ出ス事モアリ、又ハ・人ヤ・ト云ヒ出ス事モアル類《タグヒ》ニシテ、大概後詞（助詞のこと）ノ加ヘ方ニ由《ヨ》リテ、其ノ語気ヲ種々ニ言ヒ分クルヲ云フナリ、

結語トハ、動詞又ハ助動詞ヲ以《モッテ》、其ノ発シタル語ヲ結ビ止ムルヲ云フ、今仮リニ過グト云フ語ヲ以云《モッテイ》ハヾ、・人ハ・ト発シタルハ、過グト結ビ、・人ヤ・ト起シタルハ、過グルト結ブガ如キ類ナリ、是ハ言語ノ発シ方ニ由リテ、其ノ結ビ方ノ異ルヲ云フナリ、

主語と述語を、起語と結語という名目にして、一種の時間論的な捉《とら》え方をしているところに注目したい。以下、文を時間の流れとして見る見方には、落合直文の《文章とは、句の集合より成り立つものにして、句は、種々の言語の集合により成り立てり。故《ゆゑ》に、思想を正し

くあらはさんとせんには、先づ言語の排列を誤らざるやう、注意すべきなり。（略）各々混同せざるやう、それ〴〵に排列しゆくときは、こゝに完全なる句をなし、やがて完全なる文章をなすべし。》（明治二三年『中等教育日本文典』）、岡田正美の《文は或る規定の下に或る詞の連続したるもの》（明治三三年『文章法大要』）、橋本進吉の《文の外形上の特徴としては、／一、文は音の連続である。／二、文の前後には必ず音の切れ目がある。／三、文の終には特殊の音調が加はる。》（昭和九年『国語法要説』）などがあり、いずれも、排列、連続などの鍵言葉を使って、文章を時間とかかわりのあるものとして意識している。そして決定打は時枝誠記の『日本文法・文語篇』（岩波全書。昭和二九年）のなかの次の一行である。

文章は、冒頭文の分裂、細叙、説明等の形において展開するので、冒頭文の展開の必然性を辿《たど》ることとは、正しい文章体験の基礎である。

時枝はまた別のところで《文章は、冒頭の細叙・敷衍《ふえん》・具体化において成立する》とも述べているが、これが本当だとしたらおそろしい。なにしろ、冒頭の文を綴《つづ》り終えた瞬間、その作品の展開が、おおよその方向や輪郭が、予想されてしまうだろうからである。そういえば時枝には、「冒頭の分類」という仕事もあった。国語学者の市川孝が時枝の冒頭の分類を要約しているが、それによると、およそ文章の冒頭は次の五種に限られるという。

①　全体の輪郭、枠《わく》の設定として、時・所・登場人物を提示する。たとえば、〈昔昔、ある所に、おぢいさんとおばあさんとがありました。〉の如きもの。
②　作者の口上、執筆の態度を述べる。本文に述べられる事柄《ことがら》とは次元を異にしたもの。たとえば、『土佐日記』の冒頭の、〈男もすなる日記《にき》といふものを、女もして見むとてするなり。〉の如きもの。
③　全体の要旨・筋書・概要を述べる。本文と同一次元のもの。
④　作品展開の種子或《あるい》は前提となる事柄を提示する。たとえば、志賀直哉の『暗夜行路』の冒頭の、「主人公の追憶」と題する「序詞」。そこに述べられた、ただならぬ追憶を種子として、本編における、主人公謙作の人生対処の記録が生まれてくるとしている。
⑤　作者の主題を表白する。ここにいう主題とは、〈題材や筋立に対する表現主体の立場態度即ち主体的なもの〉であって、たとえば、『平家物語』の冒頭は、その典型的な一例。それは、〈平家一門の興亡に対する作者の把握《はあく》の仕方を端的に表現したもの〉にほかならないとする。

市川孝は右の時枝の分類を基に、冒頭の書き起しをさらに九種類に細分している（「文章研究の課題」昭和四二年)。これも引き写しておく。

①　主題・主旨・結論・提案などを述べる。〈要するにこういうことを言おうとしているのだ〉ということを冒頭におく。

②　話題もしくは課題について述べる。これは①のような中心的内容を示すのではなく、その文章で叙述しようとする話題もしくは課題そのものの輪郭を前もってあげておく場合である。作文などで、〈きのう○○へ遠足に行きました。〉とまず述べて、以下、その時の様子をくわしく叙述するのもこれに当たる。

③　あら筋・筋書きを圧縮して述べる。

④　筆者の口上・執筆態度を述べる。

⑤　叙述内容にあらかじめ枠をはめる。〈以下は○○君から聞いた話である。〉〈これは昨年末、東京のどまんなかで起った事件である。〉〈一九二七年の秋のことであった。〉など。漱石の『夢十夜』の「こんな夢をみた。六つになる子供を負《おぶ》つてゐる。……」などもこれ。

⑥　時・所・登場人物などを紹介する。

⑦　主内容の糸口となる枕《まくら》をおく。

⑧　主内容と対比的な内容を述べる。

⑨　いきなり本題の一部に入ってゆき、前置き（導入）を置かない。時枝のいわゆる〈冒頭の無い文章〉。

この分類はたしかに重宝である。もし、日本語の文章の冒頭がどんなものであれ、右の九つのうちのどれかに該当するというのなら、書き起しについてあれこれ悩む必要がそうはありはしないからである。なにを書こうとするかをよく吟味したら、九つの書き起しと睨《にら》めっこし、最もふさわしいものを冒頭において書きはじめればよい。その意味ではなはだ実用的だ。商業実用文の冒頭なら①か⑦、友人への音信なら②がいいだろうといったように。

さらに、ある作家を知る手がかりを、右の分類から得ることもできるだろう。たとえば国木田独歩の主要作品の冒頭は、

多摩川《たまがは》の二子《ふたご》の渡《わたし》をわたつて少しばかり行くと溝口《みぞのくち》といふ宿場《しゆくば》がある。其中程《そのなかほど》に亀屋《かめや》といふ旅人宿《はたごや》がある。恰度《ちやうど》三月の初めの頃《ころ》であつた。（略）突然《だしぬけ》に障子《しやうじ》をあけて一人《ひとり》の男がのつそり入《はい》つて来た。

（『忘れえぬ人々』）

明治《めいぢ》倶楽部《くらぶ》とて芝区《しばく》桜田本郷町《さくらだほんがうちやう》のお壕端《ほりばた》に西洋作《せいやうづくり》の余《あま》り立派《りつぱ》ではないが、それでも可《か》なりの建物があつた。建物は今でもある。しかし持主が代《かは》つて、今では明治倶楽部其者《そのもの》

はなくなつて了《しま》つた。
この倶楽部が未《ま》だ繁昌して居た頃《ころ》のことである。

（『牛肉と馬鈴薯《ばれいしよ》』）

京橋区三十間堀《きやうばしくさんじつけんぼり》に大来館《たいらいくわん》といふ旅館《やどや》がある。先《ま》づ上等の部類で客は皆《み》な紳士《しんし》紳商《しんしやう》、電話は客用と店用と二種かけて居る位《ぐらゐ》で、年中《ねんぢゆう》十二三人から三十人までの客が有るとの事《こと》。

（『疲労』）

或年《あるとし》の五月なかばごろである、帳場《ちやうば》に坐《すわ》つてゐる番頭《ばんとう》の一人《ひとり》が通りがゝりの女中を呼んで、

（『窮死』）

九段坂《くだんざか》の最寄《もより》にけちなめし屋《や》がある。春の末の夕暮《ゆふぐれ》に一人《ひとり》の男が大儀《たいぎ》さうに敷居《しきゐ》をまたげた。

と、たいていが場所の紹介（市川分類⑥）ではじまり、つづいて時の枠（市川分類⑤）をはめるのが冒頭になっている。『武蔵野』は作者口上が冒頭文（市川分類④）になっているが、これは珍しい例に属する。つまり独歩は、作品をはじめるにあたってまずしっかり土台をこしらえないと安心できないという、そういうタイプの作家だった。いや、独歩ばかりではなく、露伴も藤村も秋聲もみなこの傾向がある。強弁すれば、明治の文学者たちの頭の中には、

寛保《くわんぽう》三年の四月十一日、まだ東京を江戸と申しました頃、湯島天神《ゆしまてんじん》の社《やしろ》にて聖徳太子《しやうとくたいし》の御祭礼を致しまして、その時大層参詣《さんけい》の人が出て群集雑沓《ぐんじゆざつたふ》を極《きは》めました。こゝに本郷《ほんがう》三丁目に藤村屋《ふぢむらや》新兵衛《しんべゑ》といふ刀屋《かたなや》がございまして、その店先には良い代物《しろもの》が列《なら》べてある所を、通りかゝりました一人のお侍《さむらひ》は、年の頃二十一二とも覚《おぼ》しく、（『牡丹燈籠《ぼたんどうろう》』）

とはじまる寄席《よせ》の噺《はなし》の調子が残存残響していたのかもしれない。この冒頭で何らか枕をふって作品の土台をがしっと築き上げるという書き起し法は現在も大衆小説家に愛用されている。『平家物語』以降、日本の物語はきっと枕をふるものと相場がきまっているのだから、これは別にいけないことではない。ところでいわゆる純文学では、枕を置く書き起しは（私小説は別にして）敬遠されているようである。前置きなしのいきなりの導入、冒頭のない文章ではじまるのが大半なのだ。これは枕を置くのは大仰だとか野暮だとかいった卑近で志の低い動機からなされているのではなくて、たとえば時枝の《文章は、冒頭文の分裂、細叙、説明等の形において展開する》という文章論への反逆ではないかと思われるところがある。別にいえば、文章を時間から引き剝《はが》すための企てではないか。たとえば丸谷才一の『年の残り』は、そう長い作品ではないのに主人公の医師の思考は現在から過去Aへ、過去Aから過去Bへ、さらにあり得たかもしれない過去甲へと鼠花火《ねずみはなび》のように跳びはねて「小説における時間の展開は単線か、せいぜい複線運転がよし」などと信じ込んでいる筆者を怯《おび》やかすのであるが、その結尾は主人公の患者の後藤正也の日記でしめくくられており、ここでは注目すべき記述法がとられている。たとえばこうだ。

　十一月十七日（金）

　四時帰宅。妹とケンカをする。彼女はどうも程度が低い。最低である。特に記すべきことなし。後藤正也氏はユーウツであった。

　作家は「見《み》せ消《け》ち」という破天荒な手法で表と裏との二つの時間を共在させたのである。時枝・市川の冒頭の分類は現在ある文章論の中で最良のものの一つであることはたしかだが、作家たちのそれへの挑戦もまた見物《みもの》である。新しい文章はそういった分類の虚を衝《つ》くことで生れるだろうからである。蝶々《ちょうちょう》はいくら分類つくされても、結句、一等美しいのはひらひら舞っているときなのだ。なお、二つのことを書き落してしまった。一つは、枕を置くのが全盛の明治期にあって、なぜか樋口一葉だけは前置きなしのいきなりの書き起しを多用していたこと、もうひとつは冒頭文を扱うなら題名をも考慮に入れなければならなかったのではなかったかということ、この二つである。前者は専門の方々にまかせ、後者についてはいつか扱ってみたいと思っている。

和臭と漢臭

いまさらウンヌンするのも間の抜けた話だが、漢詩・漢文は日本語のありとあらゆる文章に血肉となって溶けこんでいる。いや、「溶けこんでいる」なども間の抜けたカッタルイ言い方で、むしろ漢詩の表現技法や漢文訓読の文脈は日本語の文章の中枢《ちゅうすう》に埋めこまれているといったほうがいいかもしれない。乏しい国文学史の知識を総揚げして思いつくままにいっても、たとえば『古事記』は和語の語彙《ごい》や語法を含んではいるものの文体は漢文の一種だった。べつにいえば、和文的な表現を志したのに、表記としては漢文的になってしまった。『日本書紀』になると、これはもう正格な漢文体である。『続日本紀《しょくにほんぎ》』などの宣命《せんみょう》（宣読する勅命）は「漢文によらず、国語の宣命書《がき》でしるされた」（「新潮国語辞典」）といわれるが、これはいわばタテマエで、よく読むとあちこちに漢文訓読の文脈を忍びこませている。和讃《わさん》は国文を使って仏や菩薩《ぼさつ》の功徳《くどく》をほめたたえた歌謡の一つで、多く七五調の四句を一連とするが、やはり漢文訓読の要素に進駐されている。歌謡は庶民のためのもので語彙にしても語法にしても、できるだけ平明な和語や和文が選ばれ、漢詩文とは遠く離れたところで作られるはずなのに、案外と漢詩文に近いのはおもしろい。

君よ知るや南の国……

という、よく愛唱された歌い出しの一句はあきらかに「君不レ見ヤ——ヲ《キミミズヤ……ヲ》」（あなたは見たことがないだろうか、いや、見ているであろう……ことを）という漢文の反語形を骨組としている。このごろまた流行しだした（すくなくともパチンコ屋ではじつによくかかる）吉永小百《さゆ》合《り》と橋幸夫の絶唱『いつでも夢を』の歌い出しの、

星よりひそかに　雨よりやさしく
あの娘《こ》はいつも　歌ってる……
（佐伯孝夫《さえきたかお》詞・吉田正曲）

の「ひそかに」は漢文訓読的な表現で、和文と漢詩文とを強烈な文体意識で峻別《しゅんべつ》していた紫式部は、この語を一度も使わなかった。『源氏物語』の作者は「ひそかに」（和語なら、しのびやかに）のほかに、「たがひに」「すみやかに」なども使わなかった。いずれも漢文訓読特有の語法だからである。もとより筆者は歌謡の作者を非難しているのではない。庶民の歌謡に漢詩文の形や語法がどれだけ使われているかを調べているだけである。ただ、歌謡について重要だと思われるのは、明治大正昭和三代の唱歌集や軍歌集に多くの訓読特有の語法が

見えているという事実である。和臭《わしゆう》の歌詞が少くて、漢臭《かんしゆう》のものが圧倒している。後でまた触れるがこの事実はたしかに重要である。

話を本筋にもどして『古今和歌集』はどうか。大野晋《おおのすすむ》の適切な解説によれば、この本邦初の勅撰《ちよくせん》和歌集の撰進は「平仮名文の公認という点でも、文学史上、画期的な出来事」だったという。そしてこの二十巻千百十一首が後世にどれだけ深大な影響を与えたかについては、高校生だってよく承知している。ずっとさがって明治三十一年、正岡子規が「貫之《つらゆき》は下手の歌よみにて、古今集はくだらぬ集に有之《これあり》候《さうらふ》」(「再び歌よみに与ふる書」)と痛罵《つうば》を浴せたのが筆者の知る唯一《ゆいいつ》の批判だけれど、これにしても『古今集』がいかに大きな存在であったかを逆に証明しているようなものだ。子規ほどの人物がつまらぬものを相手に喧嘩《けんか》を売るはずはないからである。さてこの集の冒頭に撰者の一人である紀貫之の仮名序がつけられており、これこそが日本文体史に初出の平仮名文だそうだが、ここにも「和文=平仮名文」という心意気にそむいて、漢文的表現が溢《あふ》れている。

しかあれども、よにつたはることは、ひさかたのあめにしては、したてるひめにはじまり、あらがねのつちにしては、すさのをのみことよりぞおこりける。

とほきところも、いでたつあしもとよりはじまりてとしつきをわたり、たかきやまもふもとのちりひぢよりなりて、あまぐもたなびくまでおひのぼれるがごとくに、このうたもかくのごとくなるべし。

傍線を付した個所が漢文訓読語である。さらに、「ひさかたの天《あめ》にしては」と「あらがねの地《つち》にしては」は、ともに枕詞《まくらことば》を含みつつ、天↕地で対句《ついく》になっており、「下照姫《したてるひめ》にはじまり」と「素《す》戔嗚尊《さのをのみこと》よりぞおこりける」も対句、だれがみてもこれは漢文の駢儷体《べんれいたい》である。同じように「遠《とほ》き所《ところ》も」と「高き山も」、「出《い》でたつ足《あし》もとよりはじまりて年月《としつき》をわたり」と「ふもとの塵土《ちりひぢ》より成《な》りて、天雲《あまぐも》たなびくまで生《お》ひ上《のぼ》れる」、この二つも対句である。貫之、もとより漢文の名手、頭の中にまず漢文を思いうかべ、それを平仮名文に飜訳したのかもしれない。というより当時の文体の中心は漢文、「……漢文という社会的な重みのある文体によって、日本語を表記することは、男性貴族にとって、高く評価された才能であった」（築《つき》島裕《しまひろし》）から、だれが『古今集』の序文を執筆したとしても同じことになっただろう。この駢儷体は、巌谷《いわや》小波《さざなみ》の『一寸法師』の、

ユビニ、タリナイ、
イッスン　ボウシ、
チイサイ　カラダニ、

オオキナ　ノゾミ、……

を経て、たとえば三島由紀夫の、

また古い支那の対句の影響が、私のうちに残つてゐて、例へば「彼女は理性を軽蔑《けいべつ》してゐた」と書くべきところを、「彼女は感情を尊敬し、理性を軽蔑してゐた」といふやうに書くことを好みます。これは私のネクタイの好みのやうなもので、変へることができません。（『文章読本』）

に至り、そしてたとえば山口百恵へとつながる。音楽著作権協会がうるさいことをいうので一部分しか引用できないが、昭和五十三年に五十七万枚売ったという『絶体絶命』（阿木燿子《ようこ》詞・宇崎竜童曲）の、

その人は白いハンカチを嚙《か》む
薬指には銀色に輝く指輪……

これは奈良時代に流行した「色対」である。ちなみに巌谷小波と三島由紀夫の対句は、右

と左、西と東、前と後などと同様に、相反するものを対《つい》にしているから、駢儷体のうちの「正対」ということになる。

道草の罰があたってこれからは駆け足になるけれど、漢文的要素は和文の中枢へ入りこみ、いくつもの和漢混淆文《こんこうぶん》をつくった。和漢混淆文は文脈分類上の概念であって表記分類でいえば「漢字仮名交り文」だが、この和臭ある漢文訓読体＝漢臭ふんぷんたる和文体で、たとえば公家《くげ》たちが日記を書いた。変体漢文（和化漢文、記録体とも）で記された男性貴族の日記では原則として私生活はあつかわれない。公人が政務上の行事を記す、という体裁である。日々の行事を記録することは儀式の作法を覚え、先例を残すのに有効で、かつ子孫の役にも立つ。そこで男性公卿《くぎよう》の間では、毎朝、日記を書くことが理想とされた（遠藤好英）。娘を村上天皇の女御《にようご》とした九条殿藤原師輔《ふじわらもろすけ》（延喜《えんぎ》八／九〇八～天徳四／九六〇）に『九条殿遺誡《いかい》』という教訓書があるが、その中の一節がおもしろい。

先起称ニ属星ノ名号一七遍。《まずおきてぞくせいのみようごうをとなえることななへん》
次取レ鏡見レ面。《つぎにかがみをとりおもてをみる》
次見レ暦知ニ日吉凶一。《つぎにこよみをみひのきつきようをしる》
次取ニ楊枝一向レ西洗レ手。《つぎにようじをとりにしにむかいてをあらう》
次誦ニ仏名一及可レ念下尋常所ニノ尊重一神社上。《つぎにぶつみようをとなえひごろとうとみおもんずるところのじんじやをねんずべし》

次記二昨日ノ事一。《つぎにきのうのことをしるす》事多日ハ日ノ中可レ記レ之。《ことおおきひはそのひのうちにこれをしるすべし》

前日の公的行事を変体漢文で綴《つづ》ることは男性貴族の「仕事」なのである。行事の進行次第を記録することで儀式作法を覚え、先例を残す。これはもう有職故実書《ゆうそくこじつ》だ。そこでたくさんの有職故実書が変体漢文（和化漢文、記録体）によって記され、やがて仮名の機能も活用されて（ということは、仮名が多く交えられるようになって）、鎌倉時代に『吾妻鏡《あずまかがみ》（東鑑）』体が成立し、この文体が公的な文章表現として正式に用いられることになる。駆け足でいえば右のようになるだろう。むろんこの文体は江戸期の末まで史書、法制書、法令文、お触れ書、公用文書に用いられ、広く通用する。つまり日本文体史を一行で書くならば、「漢臭ふんぷんたる和文は公《おおやけ》に近い」のである。二行で書くならば、「漢臭のひどさは公との距離に比例する。すなわち漢臭の強い文体ほど公＝体制＝規範に近い」のである。

さきに筆者は「明治大正昭和三代の唱歌集や軍歌集には、和臭の歌詞が少なくて、漢臭のものが圧倒している」といったが、その訳は右の法則に照らせば歴然としよう。公的な歌謡だから漢文くさいのである。規範意識がみなぎっているから訓読特有の語法が目立つのである。ごく最近、筆者は日清食品の「麺皇《メンファン》」のコピーを見て、その漢臭のはなはだしいのにおどろいた。それは夕刊の一頁《ページ》全部をつかった大広告で、コピーはこうである。

中国でもない。日本でもない。新しい食文化の幕開けです。中国語の「好吃《ハオチー》」と、日本語の「おいしい」。発音がとてもよく似ているのは、単なる偶然の一致だろうか。食通のメッカ、広州の「伴渓酒家《バンシーシュケ》」の人々がこぞって称賛の言葉をおくってくれたとき、それは確かに「おいしい、おいしい」の声だと思った。言葉は違っても、意味は体で理解できた。舌躍らせるような味に出会うと、中国人だって日本人だって、みな同じ素直な気持ちになるのではなかろうか……。味にうるさい中国の人々を嘆息せしめたのは、日清から新登場の「麵皇」シリーズ。その秘密は、贅沢な材料をふんだんに使ったスープにあります。中国高級料理の真髄と、磨かれた日本人の味覚と、現代人好みの味つけとの、見事なドッキング。古きにかたよらず、新しきにおもねらず、普遍の「おいしさ」ができあがったのです。四川料理でおなじみの、棒棒鶏の風味を生かした「しょうゆ風味棒棒鶏《バンバンジイ》味スープ」、ピリッと辛味をきかせた「みそ風味麻婆《マーボ》豆腐味スープ」の2タイプそろって新発売。具なしでおいしく召し上がれるよう工夫を凝らした、どちらも日清の自信作です。中国を、日本を魅了した、味の絶品「麵皇」。本ものの醍醐味を、とくとご覧あれ。——おいしいものには国籍も国境もいらない。万国共通のはずです。確かな舌ごたえこそが、何にもまさるパスポート。ラーメンが、中華というジャンルにとらわれず、中国も日本も超えてしまったとき、本当のラーメンの歴史が、人々の生活に深く根ざした、新しい食文化の幕が切っておとされるのです——そう、「人類ハ麵類」。舌、躍らせてみせます。近日発売。

読む者に一瞬、これはえらいことになった、これからの主食は米《こめ》にかわってこのスーパー・ラーメンか、と思いこませるところがあり、その点では、これは名コピーといってよいだろう。それに全一頁の大広告で活字も大きく、迫力がある。だがなによりも目立つのは、「味にうるさい中国の人々を嘆息せしめたのは……」とか、「古きにかたよらず、新しきにおもねらず……」とかいった漢臭である。前者は漢文使役形の「――ハ使シム三――ヲシテ――セ二――ニヲ一」（……ハ……ヲシテ……ニ（ヲ）……セシム）にもとづいており、後者は否定形「不二――一不二――一」（……セズ……セズ）か。また、「人類ハ麺類」は公家の変体漢文日記にあってもおかしくない一行である。「中国語の『好吃《ハオチー》』」と「日本語の『おいしい』」、「棒棒鶏の風味を生かした『しょうゆ風味棒棒鶏《バンバンジイ》味スープ』」と「ピリッと辛味をきかせた『みそ風味麻婆《マーボ》豆腐味スープ』」、この二組にはなんだか駢儷体の対句風味がある。前者が「語対」で、後者は「味対」だ（もちろんそんな対句のあるわけはないけれど）。このコピーの漢臭は、扱っているものがラーメンだからだろうか。ラーメンの本家に敬意を表して漢文臭くしたのか。それもあるかもしれないが、天皇や皇帝の皇の字をとって「麺皇」としたことが、コピーを漢文臭くしたのだと推察する。軽みのあるコピーでは麺類の天皇と釣《つ》り合わない。滑稽味《こっけいみ》のある文案では皇室・皇国主義者の反感を買い、その反感が不買運動にまで発展しかねない。

洒落《しゃれ》た惹句《じゃっく》は脂《あぶら》ぎらぎらのラーメンとは水と油である。ここはただ堂々と、かつ荘重に「これこそあらゆるラーメンの規範であり、天皇である」と押し出すほかはない。この規範意識が漢臭となったのではないか（ちがっていたらゴメン）。

……もちろん自治体といえども、地方財政の窮迫という現実から目をそらすわけにはいかない。臨時行政調査会もこの点をとらえ、財政支出の合理化のための「上乗せ福祉」の見直しを繰り返し答申している。／高齢化社会は急ピッチにやってくるし、一方、低成長経済のなかで、自治体の財源の伸びも落ちてくるから、各自治体とも福祉施策と他の行政需要とのバランスを真剣に考えていかねばならない。／地方自治体はそのような厳しい吟味をしたうえで、これまで育ててきた福祉水準をいかに維持するかを自らの責任で考えるべきものと思う。住民との納得ずくで方向を決めていくのが望ましい。

（昭和五十七年八月三十一日付朝日新聞社説。その結尾）

朝日がとくにそうだというわけではなく、どの新聞の社説も漢臭が強いが、これは「いえども」「……のための（に）」「べき」などの訓読語法を多用するせいだろう。公器の「公」は社説にあるというので規範意識が強くなるのだ。むろん筆者は、それが悪いといっているのではない。筆者にしたところで漢臭の強い文章をつい書いてしまうときがあるし、だいたいが対句の好きな口なのだ。和文と漢文が絡《から》み合い、溶け合ったところに日本語の文章が成り立っているのだから、だれだって漢臭のある文章を書いてしまう。漢臭のまるでない文章を書く人がいたら、それこそふしぎというものである。だが、それにしても次の三つの事実だけは胆《きも》に銘じておかなければ、と思う。当時の規範であった漢字が崩れて、つまり公《おおやけ》から私《わたくし》になって平仮名ができたこと、その平仮名が物語や私的日記を生んだこと、そして明治の言文一致体はそれまでの規範であった公用文章語（公）から口語（私）への移行だったこと。すなわち、漢臭ふんぷんたる文体は規範を説き、大説を述べるのにはふさわしいが、小説には不向きらしいのだ。自分の文体にどれだけ私的なものを載せることができるか、人びとの私生活における私的感情をどれだけ取りこむことができるか、そのへんが小説家の勝負どころのようである。

「和臭と漢臭」拾遺

前章で述べた「和臭と漢臭」について、出来ればさらに突きつめてみたいと考え、あれこれ思案しているところへ、鈴木善幸首相の退陣劇が持ちあがった——、と書くと鈴木首相退陣と日本語の文章と一体どういう関係があるのかと訝《いぶか》しむ読者もおられようが、関係のないこともないので、鈴木首相が十月十二日に自民党の四役に提示した「所感」は、とにもかくにも日本語の文章にはちがいないのである。お読みになった方も多いだろうが、念のためにここに全文を掲げておく。

私は去る五十五年七月総裁就任以来、今日まで二年三カ月、党内の融和と結束をはかり、国民の理解と協力の下、行政の改革、財政の再建、金のかからない選挙制度の確立、貿易摩擦の解消、国際間における友好関係の増進など一九八〇年代以降二十一世紀へ向けての基盤固めをはかるため全力を投入してまいりましたが、内外の情勢は日々に険しく、前途は容易ならざるものがあります。

この国民的課題を解決し、新しい時代の扉《とびら》を開くためには、わが党は、過去の総裁選挙によってもたらされた不信としこりを一掃し、清新にして気鋭な人材の結集をはかることが不可欠であります。

このため私は、目前に迫った自民党総裁公選における推薦を辞退し、新しい指導者のもと人心の一新をはかり、挙党体制を確立し、もってわが党に新しい生命力を賦与《ふよ》することが党総裁としての私のなし得る最後の仕事であると確信するに至りました。

私の党総裁としての任期は十一月二十六日まででありますが、国会並びに予算編成など重大な国事の緊急性を考えるとき、政治の空白は一刻も許されないところであり、党執行部に対し、党則、総裁公選規程の許す範囲において可及的速やかに後継総裁が選任されることを要請いたしました。

党員諸君におかれては私の意のあるところをおくみ取り頂き、真の挙党一致の体制を確立され、国民の負託にこたえられんことを希求してやみません。

昭和五十七年十月十二日　　自由民主党総裁　鈴木善幸

……漢臭のしていそうな個所に傍線をほどこしはじめたら、たちまち空《むな》しい気分になってしまい、傍線引きは途中でやめにした。なぜそんな気分になったかというと、二つの理由がある。まず第一に、首相所感に正対して蚤取眼《のみとりまなこ》になればなるほど、「漢字のあるところには多少なりとも漢臭がつきまとう」という、ごく当り前の事実に気付いて馬鹿らしくなってしまった。この「馬鹿」もその素性を洗うと梵語《ぼんご》の出《で》で漢訳仏典といっしょに本邦に渡ってきた語だというし、首相所感とさしあたり関《かか》わりはないかもしれないが、私たちが顔馴染《なじみ》の、たとえば、解散、英雄、鬼神、栄華、炎上、遊覧、高貴、貴賤《きせん》、家門、奇怪、行事、凶器、玉体、金銀、巌石《がんせき》、光陰、禍福、経営、傾城《けいせい》、軽重、賢人、権威、形骸《けいがい》、後悔、功臣、故郷、国家、国土、国王、国威、虎口《ここう》、骨髄、骨肉、紅粉、鶏鳴……、際限がないからもう止《よ》すが、みな平安朝の読書人階級が「必須の教養」として暗誦《あんしょう》した『文選《もんぜん》』にある漢語だそうで(佐藤喜代治)、本式に漢臭を嗅《か》ぎ出したら、首相所感の中の、ほとんどの漢字に傍線を引かなければならなくなるだろう。そこで馬鹿らしくなったのだ。筆者は一度だけ『文選』を読んだことがあるが、第一巻の「両都賦《りょうとのふ》」から、夫婦、父子、娯楽、器械、天罰、天地、万国、天子、元気、学校、主人など、日頃《ひごろ》お世話になっている語が陸続と登場するので肝《きも》を潰《つぶ》したおぼえがある。そういえば『文選』のどこかに「愚暗」なる語も載《の》っていたはずだが。

空しい気分になった理由の第二は、首相所感の調子の低さである。もとより彼は政治家であって、文筆家ではない。だから私たちは名文だの美文だのを彼に望んでいるわけではないが、命がけの文章が半行半句もない。出来合いのことばが漢文訓読の文脈に適当に塡《は》め込まれているだけである。まことに国を思い、党を思うなら、どこかに匕首《あいくち》かざすような切ない調子があらわれていてもよさそうなものだが、頭から尻尾《しっぽ》まで暖気《のんき》である。彼は便器から腰をあげるような軽い気持で、一国の宰相の座を去ることにしたらしい。たしか彼が農林大臣だったころ、農林省が「土つくり運動」というのを提唱したことがあった。その土つくり運動要綱に次のような一節がある。

　耕種部門と畜産部門との連携等により、有機物資源の有効活用を図るとともに、粗大有機物の集団的な施用を促進するため、これらに必要な組織の育成を進めること。

字面《ゲシュタルト》が首相所感と似ているところに御注意いただきたい。漢字の造語能力を悪用し、その上、漢字をべたべた並べるものだから、字面《じづら》が汚くなってしまうのだ。右の一節などはごく当り前に、「家畜の糞尿《ふんにょう》で堆肥《たいひ》センターをつくるようにしよう。センターから野菜をつくる農家や稲作農家へ堆肥を供給するような仕組みを村にとりいれよう」とすれば、よほど分りやすいし、字面もやわらかくなる。「〜〜しよう」ではひと頃の民青風で気に入らない、というのであれば「――つくる」「とりいれる」と言い切りにしてもよいが、なによりもそれ以前に、お役所が「土つくり」を提唱するのが滑稽《こっけい》である。田畑を農薬づけにして生産性を向上させよ、そのためには少しぐらい土地が瘦《や》せても構うものか、とうそぶいていたその当のお役所がにわかに「土つくり」を説き出すのだから、百姓はたまったものじゃない。ちなみに「百姓」も『文選』の第一巻に登場する歴とした漢語である。もっともその意味は「人びと」で、いまとはちょっとちがうけれども。

話のついでに云えば、お役人の乱発する珍奇な漢語で一等苦しめられたのは百姓である。田畑が圃場《ほじょう》、根つきが活着《かっちゃく》、桑をやるのが給桑《きゅうそう》、土地のやりとりが交換分合《こうかんぶんごう》、枝が枝条《しじょう》、じかまきが直播《ちょくはん》、とめごえが晩期追肥《ばんきついひ》……なにがおもしろくてこのように面妖《めんよう》な漢語を押しつけるのか。いかめしい漢語を鞭《むち》がわりにしておどしつければ、百姓は何でもはいはいとお役人の言うことをきく、とでも思っているのだろうか。おかげで本邦でもっとも索漠《さくばく》として味気ない字面の書物は『農業六法』ということになってしまった。

もとより『農業六法』の字面まで彼《か》の宰相のせいにするわけには行かないが、首相所感とお役人の作文の字面はまるで双子のようによく似ている。事大主義で、いやに鯱鉾《しゃちほこ》張っていて、高慢そうに漢字ばかりが並んでいて、それでも芯《しん》から言いたいことを言っているなら字面は活《い》き活《い》きするのだが、言いたいことはさほどない。このようにいくつも悪いことが重なるとき、その日本語の文章のかたち《ゲシュタルト》は醜悪この上ないものになってしまう。——とここまで書いたところで、この春、都下田無《たなし》市にお住いの安原博純とおっしゃる読者から、四百字詰原稿用紙で十枚に及ぶ長大な手紙をいただいたことを思い出した。前に筆者は、

《日本語の音韻を、もっと子音の多いものに変えないかぎり日本語のローマ字化など絵に描いた餅《もち》であろうと思われる。》

と書いたが、安原さんの手紙はこれに対する抗議文である。三分の一に縮めて以下に掲げさせていただくが、漢字・仮名・アルファベットが三つ巴《どもえ》となって、興味深い字面を見せて

くれている。

Syw. 57n. 3gt. 31nt.

井上ひさし様

Haikei！「波」に連載中の anata の文章論を文法論にひきつづいて omosiroku 拝見しています。尤《もつと》も私の関心は anata の独断と偏見に対する感心と寒心のあざなえる縄《なわ》の如《ごと》きものですが。一言で要約すれば anata は国語の伝統に立つ保守主義者である——その anata が右翼から脅迫状を送られたと聞いて呆《あき》れるのみです——が、とにかく anata がローマ字を非難排撃なさるのは少しく大人気ないと申さざるをえません。

すでにお分かりのように、私自身は昭和初期からの Rômazi 論者で、田中館愛橘《たなかだてあいきつ》、田丸卓郎、土岐善麿《ときぜんまろ》、寺田寅彦《とらひこ》、末弘厳太郎、岩波茂雄 nado の下で、学生時代から戦前の約10年間 Rômazi-undô に従事してきた者です。

漢字かなを用いる日本語を土台とする売文業者の anata が Rômazi を敵視なさるのは分からぬでもありません。がしかし何としても Konzyô が狭すぎます。漢字かなのいわば中毒患者の anata には御自身の眼の utubari が見えないのではありませんか?

私は Syôwa 34nen に初めて半年間外遊し、帰途 Hawaii から乗った日航機の中でふと日本人乗客が日本の新聞をひろげているのを見た途端、私はその紙面の日本語活字の醜悪さに啞然《あぜん》として ware to waga Me o utagatta mono desita.

Sô desu！ 漢字のゲシュタルト——motiron 活字——はあまりにも刺戟《しげき》的、脅威的で、複雑怪奇千万です。

このことは何も外国に行かなくても体験できることです。英語でもローマ字でもAlphabetにしばらく馴《な》れてから、漢字交りの日本文に接すると目がチカチカして痛くなります。

斯《か》く申す私は、旧制高校時代に、一方において Rômazi の洗礼を受けながら、他方では九州第一といわれた老漢詩人について漢詩の鑑賞と制作に励むかたわら、英語とドイツ語は特に外国人教師の家庭に接して特訓を受けました。今でも漢詩の平仄《ひようそく》はほぼ暗記しています。したがって漢字かなの文学的、芸術的価値は kessite 否定しません。ただ日常文字としての、新聞雑誌における漢字の活字の醜悪な横行ぶりに腹が立つのです。（略）日本語の最大の欠点の一つが同音異義語の多いことだというのは anata もまさか否定なさらないでしょう。そしてそれが漢字のせいである場合が多いことも。

時枝《ときえだ》誠記《もとき》教授が、音声言語よりも文字言語を強調したのは、近視眼的ないし一面的な主張としか思えません。日本語を漢字の sokubaku, sikkoku から解放すれば、もっと自由に発達すると信じます。Motiron, 伝統の問題はあります。しかし今日の普通の大学生が漱石《そうせき》を読むことが非常に困難であり、学生の英文和訳の答案は、小学校四年の国語読本の漢字すら満足に書けないものが少くないのが実状です。伝統はもう切れているのではないでしょうか。

かなづかいについても、私自身、蝶々をてふてふと書かなければ「感じ」が出なかったのに、今はもうチョウチョウに何の抵抗も感じません。要するに馴れです。

戦前、私が出した(suguni tuburemasita) Rômazi-bungaku Dôzin-zassi のアンケートに答えて川端康成氏が「ローマ字でも書きあらわすことのできる小説を書いている」といわれたのを覚えています。寺田寅彦氏はエッセーを寄稿してくれましたが、「ローマ字はじつに書きやすい」といって、きれいにタイプした原稿をくださいました。(略) Rômazi を支持した外国人学者は、O. Jespersen, D. Jones と大勢いますが、その中の一人 W. Gundert 博士が、来日前 Rômazi で日本語を独習し、母音に富む日本語の美しさに魅了されて、さて、はるばる船で横浜に着いたとき、耳に入ってきた日本語の音声が余りにも期待外れの醜い発音なのでがっかりしたと、いつか私に話してくれました。禍《わざわい》なるかな、文字言語！ わが国の子供は、漢字を覚えることに精力を消耗してしまい、そのため朗々たる、また切々たる国語音声の教育が放置され、そこで汚い音声（高校野球入場式での選手宣誓のあの醜悪な絶叫!）が横行するのです。私は日本語を「音声言語」として確立させたいという希望を抱いてRômazi-undô にたずさわった者の一人です。Syôbai は英語の教師ですが、英語をやればやるほど日本語への愛情は深まる一方であり、それ故《ゆえ》にこそ Rômazi の意義をますます信ずるのです。Anata もどうか Rômazi の“Ageasitori”をやめてもっと音声言語としての日本語の美しさを高める方向へ、頭を切り換えてください。そのことを切望してやみません。Gokentô

o inorimasu. Keigu
Yasuhara Hirosumi

安原さんの論は、以下の三点に要約されるだろうと思われる。㈠、文字のない言語はいくらでもある。だが話し言葉を持たない民族はありえない。したがって音声言語が第一義で、文字言語は第二義である。ところが日本語では、文字（＝漢字）の習得が至難の業で、人びとは第二義の文字言語の方で精力と神経とを磨《す》り減らしてしまい、もっとも大切な音声言語の修練がおろそかになっている。漢字の罪である。㈡、日本語には同音異義語が氾濫《はんらん》しているが、これも漢字のせいである。㈢、漢字はそのかたち《ゲシュタルト》が醜悪である。

㈢から逆に考えてみよう。たしかに首相所感や農業六法やナントカ白書や教科書などの字面は、醜い。もっといえば、義務感やノルマを推進力に書かれた文章は味気がない。読者の視線をはねかえしてしまう。だが、書きたいことがある故《ゆえ》に書かれた文章の字面は、かえって読者を吸い付ける。あるいは反対に、スポーツ紙の大見出し、たとえば中日ファンにとって中日の逆転優勝を告げる見出しは、甘美であり、同じ見出しが巨人ファンには醜悪なものに写る。書き手、ないしは読み手に、九《く》寸五《すんご》分《ぶ》の思いがあれば、字面は常に美しい。それ以上のことはもう趣味の問題である。

㈡について言えば、日本語に同音異義語が多いのは漢字のせいではない。ただひたすら音節数が少いせいである。日本語の音節数は約百四十。英語の音節数は約四千（七千という説もある）。天地のあいだのあらゆることを、片方は百四十の音節であらわし、他方は四千の音節であらわす。百四十の方は、すぐに手が詰まる。詰まれば、もう仕方がない、同じ音の言葉を次から次へとつくり出すしかない。同音語があちこちで衝突するわけである。そしておもしろいことに、この同音衝突地獄に救いの手をさしのべているのが、じつにわが漢字なのだ。ヨーロッパの言語などでは、同音が衝突した場合、混乱を避けるためにどちらか一方の語が、別の語に置き換えられてしまうらしい。たとえばかつて発音の異っていた英語の quean（女）と queen（女王）が音声変化によって同音語となったために、現在では quean はほとんど使用されず、「女」を意味する場合には woman で置き換えられている（三修社『音声学大辞典』）。つまり発音が同じで、意味もまたよく似ている二つの語は原則として両立しないのである。ところが日本語の場合は、公演と好演、香煙と鉱煙、口演と講演、いずれも両立する。つまり「日本語に於《おい》ては表記も言語の一部と受けとられるため、発音が同じでも文字が違えば衝突しないのである」（鈴木孝夫）。もっといえば、漢字をちらと思い浮べることで衝突が回避されるのだ。漢字をなくしてしまったら、公演と講演をどうやって区別するのだろう。「芝居のコウエン」（公演）、「ひとりで喋《しゃべ》るコウエン」（講演）と、随分ややっこしいことになるのではないか。

(一)について言えば、安原さんの「音としての日本語を大切にせよ」は正論である。ただし、

㈡で明らかにしたように、音声としての日本語にたえず文字（＝漢字）が顔を出す。「日本の場合は、そこが特殊でして……」というような物の云い方は独善と甘えが同居しているのでなるべくなら避けた方がよろしいが、しかしやはり日本語に関しては「特殊だ」としか言いようがないのである。簡単に云うと、漢字は表意的であると同時に、表音的でもあるからだ。漢字は表音表意兼帯表記という複雑な働きをするのである。安原さんの嫌《きら》いな、そして筆者が好きな時枝誠記の遺《のこ》した例を引こう。「空蟬」は初めウツセミ（現身＝この世の人）の表音的記載だった。べつに云えば、ウツセミの発音記号として「空蟬」を当てたのである。ところが次第に「蟬」の字が意味を持ちはじめ、やがて蟬の脱殻《ぬけがら》→無常にして空虚なる世→はかない、という意味になった。表音的に用いたのに、結局は表意的に理解された例である。「馬穴」も同様で、バケツという音をあらわすと同時に、馬のお尻《しり》の穴のように大きな容器という意味をもあらわす。風船、近眼、引力、弾力、みな音と意とを同時にあらわす。このようにどこまで行っても漢字が絡《から》んでくるのが日本語というものであるらしい。『文選』が、現在《いま》と直に繋《つな》がっているのである。すなわち、漢臭は日本語の文章の宿命なのだ。漢字はたしかに難しい。しかし難しいからこそ利点も多いのであり、ましてや日本語の本質的部分に深く入り込んでいる、いや、本質そのものだといってもよい。欠点を並べ立てて放り出すより、立派に使いこなす方が賢明ではないか。うっかり放り出すと書いたが、本質そのものを放り出すのは不可能である。漢臭を放り出すなら、その前に、日本語の音韻体系を変える必要があるだろう。

文章の燃料

一

文章を一篇ものするに際して、その構成については守るべき原則がある——、われわれはそう信じている節《ふし》がある。文の配列に、そして段落《パラグラフ》の配置に、なにか目当てになるような規則があるのではないか。規則が大袈裟《おおげさ》なら道しるべでもいい、なにか導きの糸があるはずだ。そこで書店へかけつけると、たしかにたいていの文章入門書に、

「漢詩の起承転結法の感覚で、文章の論理を組み立てるのがよいでしょう」

と書いてある。なかには、

「新聞の四コマ漫画を手本にして、文章に強くなろう」

と説く風変りな入門書もあり、これはおもしろそうだと買って帰ってよく読むと、

「新聞の四コマ漫画は、起承転結の原則にそって描かれている。文章の組み立てもこのコツで……」

文章の構成法にコツも秘訣《ひけつ》も原則もない、と説く著者も多い。こう説く著者は、できるだ

けたくさんよい文章を読みなさい、とつけ加える。われわれとしては途方に暮れるほかはない。「草野球チームの一員としてなんとか内野で重きをなしたい。どうすれば内野守備が上達するのか」と問うたのへ、「巨人の篠塚《しのづか》や大洋の山下のプレーをよく観《み》なさい」と云われたようなものである。冷めたく突きはなされた、という感じをわれわれは持つ。ここで唐突のようだが、三木清の『解釈学と修辞学』(昭和十四年)の冒頭部分を引く。

……すなわち解釈学はすでに作られたもの、でき上った作品に対して働く。すぐれた文献学者ベェクの言葉を借りれば、それは「認識されたものの認識」を目的としている。一般的にいえば、解釈学は過去の歴史の理解の方法である。これに反して修辞学はギリシアの活発な社会的実践的生活のさなかに発達させられたものである。解釈学が主として書かれた言葉、誌《しる》された文書に向うに反して、修辞学は主として話される言葉に属し、かつそれは法廷、国民議会、市場等における活動と結びついて形成された。かくして解釈学も修辞学も共にロゴス(言葉)に関係するにしても、おのずからその性格、その実質を異にしている。

よい文章をいくら読んでも、われわれは「解釈」を手に入れるだけではないのか。「過去」を得るばかりだ。しかしわれわれは「いま、どう文章を組み立てるべきか」という難問の前で頭を抱えている。「現在《いま》」が問題なのである。

それにしても、われわれの大多数は、原稿用紙を前にした途端、なぜ、「文章の構成については、なにか守るべき原則があるらしい……」と怯《おび》えるのだろう。すぐさまいくつもの理由に思いあたるが、それらを思いつくまま挙げてみることにしよう。

紀元前五世紀ごろ、南イタリアはシシリー島の大都市シラクサに反乱がおこった。反乱は成功し、独裁王トラスブロスは追放され、民主政府が誕生した。しかし間もなく反乱そのものよりも面倒な揉《も》めごとが発生する。新政府の法廷へ、「僭王《せんおう》が奪った田地や財宝を自分たちの手に返せ」という市民からの訴えが殺到したのである。市民たちはそれぞれ、法官や競争相手を説得し言い負《ま》かし、すこしでも多くの財産を手に入れようと懸命になる。説得技術の有無が幸不幸を分ける。このときコラクス（Corax Syrācosius）という人があらわれ、説得技術はかくあるべしと唱え、『技巧《テクネ》』と題する論文を草した。この史上最初のレトリック教科書のなかでコラクスは、議論の組み立ては次の五つの部分をもってせよと述べている。

序論
叙述（説明）
論述（「たしからしさ」による証明）
補説（補足）

結語

このコラクスの五分法はヨーロッパ・レトリックの基本になった。十九世紀までヨーロッパの学校では修辞学《レトリック》が重んじられてきたが、やはり議論の組み立ては五分法であり、四番目の「補説」が「反論」にかわっただけで、あとはみな同じである。コラクスはどうやら最初から、ことの本質を言い当ててしまったらしい。ヨーロッパ・レトリックの五分法は当然ながら明治期に日本へ輸入され、説教の五段法と結びついて規範化する。説教の五段法とはこうだ。

賛題（その日に説《と》こうとする金言、または高僧碩徳《せきとく》の和歌を示す）
法説（賛題の法義の解説）
譬喩《ひゆ》（法説をわかりやすくするためにたとえを用いる）
因縁（法説の証明）
結勧（以上を結ぶ）

西洋《あちら》も五分法、東洋《こちら》も五段法、だから論の構成は五部に分けるのが正しい。そういうことになったのではないか。この常識は戦後へも引きつがれる。昭和二十八年の初夏、渋谷の吃《きっ》音嬌正学院《おんきようせい》に通っていた筆者は教材として斎藤栄三郎の『雄弁の技術と歴史』（鷹羽《たかは》書店刊）を買わされた。どもりを雄弁術で治療しようというのだからかなりの荒療治であるが、そこには《演説に生命あらしむるには各部分の聯絡《れんらく》を保つて、秩序正しく配列する必要がある。》と前置きして次のような五分法が掲げてあった。

予備　これは大主眼へ誘引するもの
提示　ここで大主眼を示し
連結　ここでこれを解説し
総括　更に結んで大主眼を明らかにし
応用　さてその応用を示して終る

これらの五分法は、三分法（たとえば「序論・本論・結論」）へ、あるいは四分法（たとえば「起承転結」）へ、容易に移行し得るだろうし、うまく使えば役に立つだろうこともわかる。なによりも長いあいだ人びとに珍重されてきただけあって、本質の核心に近いところをズバと衝《つ》いている。木下是雄《これお》は『理科系の作文技術』（中公新書）のなかで、右の事情を次のように証明してくれている。

理科系の仕事の文書の代表ともいえる原著論文の伝統的な構成もこれ（起承転結）と似たところがある。序論で問題を示して、その背景とどうしてその問題を取り上げたのかを説き、つづいて実験の方法とその結果（理論の論文であれば仮定とそれからの演《えん》繹《えき》）を記述する。次にいったん立場を変えて自分の研究に残っている問題点を吟味し、また自分の結果を他の研究者の結果と照合・検討した上で、結論をまとめる。この古来うけつがれてきた組み立て方はまさに起承転結の線に乗っている。（原文は横書き）

こうしたみごとな証明に接するたびにわれわれは、「だから、組み立ての原則のようなものがきっとあるにちがいないのだ……」と思い、思ってもいざとなると適当なものが見つからないので焦《あせ》り、そして白い原稿用紙を見ると怯えるのである。

もうひとつ、われわれには「語の順序が重要だ」という信仰がある。この信仰が「論の順序、論の配置が重要だ」と移行現象をおこし、われわれを金縛りにしている。たしかに文の中での語の位置は重要である。「奈良で兄からもらったカメラをなくしてしまった」という文は曖昧《あいまい》だ。カメラをもらったところが奈良なのか、カメラをなくしたところが奈良なのか、はっきりしない。前者ならば「兄から奈良でもらったカメラをなくしてしまった」、後者であれば「兄からもらったカメラを奈良でなくしてしまった」と、このように語順を入れ替えれば文の意味は判然とする。この厳格な語順意識が文章の組み立てのときにもはたらくのではないか。われわれは各部分の配置に神経のありったけを磨り減らしてしまい、そのせいで怯えるのである。いっそ逆手を用いた方がよいのかもしれない。

唐の思想家に韓愈《かんゆ》（七六八〜八二四）という人物がいる。「天下の大文章家・韓文公《かんぶんこう》」といった方がわかりが早いかもしれないが、この人は二歳で父母を喪《うしな》い、十四歳で兄を失い、孤児となったが、おそるべき勉強家で、ありとあらゆる学問をみな自学自習でやり通したという。北宋《ほくそう》随一の文章家として知られた蘇軾《そしょく》（蘇東坡《そとうば》一〇三六〜一一〇一）がこの韓文公を称賛していうに、「文は八代の衰をおこし、勇は三軍の帥《すい》をも奪う」。よほどの文豪だったことがわかる。なにしろ文章の力で暴れ狂う鰐《わに》を説き伏せ、退治してしまったというからすごい。剛直な性格で直言をはばからず、しばしば左遷《させん》されたが、これが蘇東坡のいう「勇」である。これから引くのはこの韓文公の『科目《かもく》に応ずる時、人に与ふる書』（友田宜剛評解『新訳文章軌範』所収）という文章である。科目とは進士試験に及第した者のみが受けることのできる上級試験だが、これに応じたとき、韓文公は一書を作って試験官に送りつけた。

月日愈《ゆ》再拝。

天池《てんち》の浜《ひん》・大江《だいこう》の濆《ふん》、曰《ここ》に怪物あり。蓋《けだ》し常鱗凡介《じょうりんはんかい》の品彙《ひんい》匹儔《ひっちゅう》にあらざるなり。その、水を得るや、風雨を変化し天地に上下《しょうか》することも難《かた》からず。その、水に及ばざること、蓋《けだ》し尋常尺寸《じんじょうせきすん》の間《あいだ》のみ。高山大陵《たいりょう》・曠塗《こうと》絶険《ぜっけん》の之《これ》が間隔を為《な》すことなし。然《しか》れども、其《そ》の窮涸《きゅうこ》して自《みずか》ら水に致すこと能《あた》はざるや、獱獺《ひんだつ》の笑《わらい》となる者、蓋《けだ》し十に八九。如《も》し、有力者その窮を哀《あわれ》みて之《これ》を運転《うんてん》せば、蓋《けだ》し一挙手一投足の労なり。然《しか》るに是《こ》の物や、その衆《しゅう》に異《こと》なるを負《たの》むや且曰《かついわ》く、「沙泥《さでい》に爛死《らんし》すとも吾寧《われむし》ろ之を楽しまん。首を俛《ふ》し、耳を帖《た》れ、尾を揺《うご》かして憐《あわれみ》を乞《こ》ふが若《ごと》きは、我《わ》が志にあらざるなり」と。是《ここ》を以て、有力者之《これ》に遇《あ》ひ、之を熟視すれども観《み》ることなきが若《ごと》し。其死《そのし》、其生《そのせい》、固《もと》より知《し》るべからざるなり。

今又《いままた》有力者の其前《そのまえ》に当る有り。聊《いささ》か試みに首を仰《あ》げて一《ひと》たび鳴号《めいごう》す。庸詎《なん》ぞ、有力者の、其窮《そのきゅう》を哀んで一挙手一投足の労を忘れて之を清波《せいは》に転ぜざるを知らんや。其《そ》の之を哀むも命《めい》なり。其の之を哀まざるも命なり。其の命《めい》に在《あ》るを知つて且《かつ》これを鳴号する者も亦《また》命なり。

愈今は実に是《これ》に類《るい》せり。是《ここ》を以て、その疎愚《そぐ》の罪を忘れてこの説《せつ》あり。閤下《こうか》其《そ》れ亦之を憐察《れんさつ》せよ。

原文わずか二百六十余字。その狭いところへ怪物を持ってきたところが尋常ではない。ただ敬服するばかりであるが、念のために右を現代文に改めておこう。

つつしんで申しあげます。大海の浜辺、揚子《ようす》江《こう》の岸に怪物がおります。並の魚や貝ではありません。水を得て雲に乗りさえすれば、どのような晴天であろうとたちまちに雨を降らせ風を呼び、天に昇り地に潜り自由自在の働きをする怪物です。だが惜しいことに、水のあるところまでわずかに一、二尺、その間《あいだ》に山も丘もなく、遠い道や険しい絶壁があるというのでもないのに、乾き切ってしまい水のあるところまで行くことができないものですから、いつもカワウソなどの笑いものになっております。もし、だれか力のあるお方がその窮したさまを哀れに思って、ちょっと転がしてやれば、一度手をあげ一度足を出すぐらいの労で、その怪物は助かるのです。

けれどもこの怪物は、ほかのものとちがっているのを鼻にかけ瘦《や》せ我慢、『砂や泥《どろ》の中でただれて死のうとそれも天命、むしろその天命をたのしむことにしよう。犬じゃあるまいし、首や耳を垂れ、尻尾《しっぽ》を振って人のあわれみを乞うようなことは断じてしないぞ』と突っ張っております。そのせいでしょう、有力者はその様子を見るには見ますが、結局は見のがして立ち去ってしまいます。いったい救われずに死ぬのか、救われて助かるのか、どうもよくわかりません。

いま、また、有力者が怪物の前に立っております。ためしに怪物は首をあげて一声《ひとこえ》鳴いてみました。ひょっとしたらその有力者は、怪物が窮地でもがくのを哀れんで、からだをちょっと動かし清波の打ちよせるところへ転がしてくれるかもしれない。哀れんでくださるも天命、くださらぬとしても天命、天命と知って鳴いてみるのも、また天命です。

　さて、この怪物はいまの私とじつによく似ております。おろかものめとお叱《しか》りを受けるだろうこともつい忘れ、この龍みたいな怪物の話を申しあげました。どうかお察しください。

　怪物＝自分、常鱗凡介・獱獺＝平凡人、水＝地位官職、有力者＝この書を受け取る試験官、鳴号＝受験……、比喩が四通八達していてまことにみごとだ。「水を得るや」「水に及ばざる」「自ら水に致すこと能《あた》はず」と、水を三連打したところは痛切である。この世に生をうけたものはすべて水なしでは一瞬たりとも生きて行かれない。「水なしでは生きられない」という、誰《だれ》でもが思っているにちがいないことを材料に比喩をこしらえて、試験官の心の扉を三回も叩《たた》く。たいていの試験官はこれだけでもまいってしまうだろうし、それよりなにより水の比喩で怪物をぐんぐん窮地へ追いつめて行くあたりの速度感がこたえられない。後半の「命づくし」も絶妙である。そして中盤の「自分はやがて龍となるかもしれぬのだから、賄賂《わいろ》やおべっかなどのいやしいことはしない」とほのめかす矜持《きょうじ》。全体にふざけているようで悲しく、図太くみえてじつは生真面目《きまじめ》。これほどの名文には滅多にお目にかかれるものでない。

　だが、韓文公はなぜこれを書くことができたのだろうか。目的があったからだろう。書かねばならぬ切実な理由があったのだ。だからこそ書けたのである。これはどうしても書かなくてはならぬと自分に百回も千回も言いきかせ、だれに向ってなにを書くのかをぎりぎりしぼりあげる。べつに云えば書かないですむことは書くなとなるが、とにかく「書かねばならぬ」という思い込みが文章の燃料になる。そのときこそ五分法や四分法が役に立つ。よい文章をたくさん読むことが大事になる。われわれは順序をまちがえていたのである。――というとなんだかやたらに精神主義を振り回しているみたいだが、そうではない。燃料の作り方はちゃんとある。

二

それにしてもわれわれはなぜ文章を書くのがこれほど苦手なのだろうか。だれもが「いい文章が書けたらよいのに」とねがっているのに、どうして机の前に坐《すわ》るとああ手もなく金縛りになってしまうのか。さまざまな理由が考えられる。それらを順不同で羅列《られつ》してみよう。構想中の小説のために「週刊朝日」のバックナンバーを創刊号から通読していたら、徳川夢声の「問答有用」に次のような個所があった。ちなみにこの「問答有用」は昭和二十年代後半から三十年代前半にかけて同誌の呼び物だった連載対談である。

夢声　考えてみりゃあ、千軍万馬を往来してる演説家といえども、演説というものの極致を目ざしてるひとならば、落ちつけないわけだ。聴衆のなかに、絶対的に偉い人間を設定して演壇へ出るから、その前に頭があがらないんだね。吉川（英治）さんなぞ、小説を書いてても、やはり読者というものの上に、非常に恐るべき読者をかりに設定して書くでしょう。

吉川　そう、そう。ぼくはね、いわゆる大衆というものは大知識であるという、原則みたいなものをもってる。（略）大衆のほうも苦労してるんだし、豊富な人生経験をもってるんだってことを、内心、自分で考えるもんだからね、「こうである」なんてことが、なかなかいえないんだよ。

（「週刊朝日」昭和二十八年六月七日号）

天才を自称する人なら話は別だが、たいていの書き手は机前に坐った途端、ほとんど神に近い読み巧者《どうしゃ》を、読者のなかに想定してしまう。そこで閻魔《えんま》の前に引き出された嘘《うそ》つき亡者のように緊張する。白い原稿用紙を前にした書き手は常に謙虚そのものである。よほど図太く居直らないと、この謙虚さを振り落すのは至難の業だ。ここに文章を書くむずかしさがある。「ほとんど神に近い読み巧者」と対抗するには、書き手のほうもせめて鉄人ぐらいまでは自己を鍛え上げなければならないが、その方法はあるのか、ないのか。答は後まわしにして、次に中島健蔵の文章を引く。

文章は、自然発生的に生れるものではない。まず教えられ、練習させられて基礎的な表現力が与えられる。それが初歩の作文です。次に、自発的に、自分の内がわの動機によって書きはじめる。はじめのうちは作文のつづきのようなものでしょう。そのうちに、書くことによって自分の考えが育ち、深まることを発見する。そして、文章を書くよろこびを知る。そういう経過があれば、あまり問題はないのです。幸か不幸か、自発的に文章を書きつづけるような機会にめぐりあわず、そのまま時をすごしてしまうと、表現力が停滞して、書きたいことがあってもうまく書けないことになります。

（「文章を書く心」）

傍線をほどこしたのは筆者であるが、この部分が特に重要だろう。すなわち文章を書くことは、話す、聞く、読むことのように半ば自然発生的なものではなく、強制されてようやく身につく能力であり、それも使っていないとすぐに錆《さび》つくという厄介《やっかい》な能力なのである。「強制的」というところに事の本質がひそんでいそうな気がする。人間の営為のなかでもっとも「人間」から遠い行為、それが文章を書くということなのかもしれない。とすれば、むずかしくて当然だろう。

だいたいが、あらゆる表現手段は不完全である。とりわけコトバはそうだ。コトバは社会がつくったもの、社会共通の慣習であり、社会的形成物である。個人からみれば「出来合い」であり、「中古品」であり、「おさがり」であり、「約束事」である。ごくごく大雑把《おおざつぱ》な代物《しろもの》である。約束事としてのコトバの典型のひとつに、たとえば法令用語がある。

……「以下」というのは、「もってさがる」というのであるから、「これから下」であり、基準となる数量を含めて、それより下ということである。だから「十八歳以下の方の入場お断り」という場合には、その基準となっている十八歳の者も含めて、それより下の者が入場を断られるということになる。／これに対して、「未満」というのは、文字通り、「未だ満たず」であるから、「その数に達しない」ことである。したがって、「十八歳未満の方の入場お断り」とある場合には、その基準になっている十八歳の者は含まれない。十八歳に達しない者が、入場を断られるのである。いいかえれば、十八歳になったとたんに、入場を断られることがなくなるというわけである。／だから、結果的には、「十八歳以下」というと「十九歳未満」と同じことになり、「十八歳未満」と「十八歳以下」とでは、一年のひらきが出ることになる。／(略)……「満たない」というのは、「未満」と同じで、「達しない」というときもある。／また、「以下」と同じ意味で、「以内」、「範囲内」、「こえない範囲内において」ということばを使うこともある。／(略)……「内」というのは、やはり、期間、広さなどの一定限度を表わすために使われることばであって、「以前」と「前」又は「以後」と「後」とが、それぞれ「以」の字のついた方は、起算点になった日時などを含み、「以」の字のつかない方は、これを含まないというちがいがあったのと同様に、「以内」と「内」も、「以内」の方は、期間などの最終の時点を含むのに対して、「内」の方は、これを含まないというちがいがある。……

（小島和夫『新訂法令類似用語辞典』ぎょうせい刊、昭和五十七年）

右のような約束事をいちいち受け入れなければならないのだから、われわれも楽ではない。しかも文章を書く場合は、これらの約束事をよくわきまえ、自在に使いこなすことを要求される。これは相当に骨だ。

また社会は緻密《ちみつ》な計画に基づいてコトバをつくり出しているというのでもないらしい。あるとき、ある概念が「染色体」と名付けられる。やがてその概念が遺伝子連関地図と光学顕微鏡による観察結果との照応により実体となって「DNA」と呼ばれるようになる。この無計画な多産性。むろん科学者たちは必然性があってそうしたのだろう。しかしわれわれ門外漢にはどっちか一つあれば充分、二つも与えられてとまどうばかりである。

社会の移り変りは素速いが、コトバの盛衰はじつにゆっくりしている。なかには流行語のように短命なものもあるけれど、たいていは世の中のどこかに深く根づいて、簡単に枯れようとはしない。一例をあげればボールペンとシャープペンシルの入った箱は、筆など一本も入っていないのに「筆箱」と呼ばれる。そしてボールペンとシャープペンシルは依然として

「筆記用具」である。

このようにコトバは出来合いの約束事であり、勝手気ままに生み落されたものであり、古ぼけて粗雑な代物である。これに対し、われわれが書きたいとねがっているのは、われわれの「心の生活」だ。べつに云えば、具体的で、個別的で、まことに特殊で、微妙で、流動的で、生き生きとしていて、不合理な、われわれの体験する意味の世界。この混沌《こんとん》未分の内的体験を、出来合いの約束事で形にしなければならぬのだから、これはむずかしい。穴だらけの網で小魚を掬《すく》うような、塗箸《ぬりばし》でソーメンをたべるような、そして厚い手袋をはめた手で床の百円玉を拾うような大事業である。文章を書くことのむずかしさの根本はここにある。よほど覚悟してかからぬと、このむずかしさを乗り越えることはできないだろう。この部厚い壁を突破するに足る強力な燃料はなにか。

佐藤一斎《さとういっさい》は幕府儒員で昌平黌《しょうへいこう》教授、渡辺崋山《わたなべかざん》や佐久間象山《さくましょうざん》や横井小楠《よこいしょうなん》らの師にあたる人だが、この一斎を三嘆させた手紙がある。奥羽《おうう》の博労《ばくろう》で亀《かめ》という男が書いたもので、こうだ。

一金　三両

ただし馬代

右馬代　くすかくさぬかこりやだうぢや　くすといふならそれでよし　くさぬといふならおれがゆく　おれがゆくならただおかぬ　かめのうでにはほねがある

なんのために、なにを、どのように、書こうとしているのか。それを必死に考えることがとりあえず文章の燃料になる、と筆者は思っているのだが、亀の手紙には、この、

なんのために（目的、動機、用途）
なにを（文章の中心思想）
どのように（語り口、文章型式《フォーム》、文体）

の三点がつくされている。目的は、むろん貸金を「返し《く》」てもらうこと。文章の中心思想とはこなれない云い方だが、これは「解釈と鑑賞別冊・情報禍時代のことばの生活」（平井昌夫・大熊五郎編、至文堂、昭和五十年）からの借り物で、Central thought の訳語だそうである。書きたいことをぎりぎりまでしぼりあげたもの（平井昌夫）、というほどの意、引用文の中心思想は「どうあっても取り立ててやる」か。語り口は七五調で押し通し、たいした迫力である。

明《みん》の「文体明弁」という書物は、文章の用途を一五〇種に分けている。たとえば、

奏　天子に上奏する文、雅を旨《むね》とする。
銘　金石に刻み、人の功績を永遠に残そうとする文。実《じつ》を尚《とうと》ぶ。
誄《るい》　死者を弔う文。かならず生前の功績をほめたたえなければならぬ。実を尚ぶ。

論　自分の意見を述べる文。理を尚ぶ。

書　上中文。理を尚ぶ。

といった塩梅《あんばい》だが、ひところ白い眼で見られていたこういう形式的分類も使いようで、自分の書こうとしている文章の用途をひとまず押えるのに役に立つ。用途、目的を思案しているうちに動機が問題になってくる。自分は、なぜ、いま、この文章を書こうとしているのか。このとき、われわれは第二の、文章の中心思想に思いをめぐらしはじめたといってよい。波多野完治の『作家の創作心理学』(文章心理学大系第四巻所収。大日本図書刊)に次のような興味深い記述がある。

彼(アルフォンス・ドーデー)が、『福音主義者』という作品を書いたときがそうである。彼はこのとき、ほかの約束の仕事をしていたのであるが、これを中止して、あえて『福音主義者』を書くにいたったのは、彼の子どもの家庭教師をしていた婦人が、宗教慈善団体のために自分の子どもをうばわれたためであった。自分の唯一《ゆいいつ》のたのしみにしていた子どもを、この女の人は《慈善》団体のために、美名のもとにうばわれたのである。このような事情が彼をつよい感動にさそい、この女のために復讐《ふくしゅう》を決意させたのである。(略)『ジャック』ができたのも同じような事情にもとづく。(略)……このようにドーデーが創作欲をそそられるのは、いつもきまってあわれみの感情で心がいっぱいになったときなのである。『流浪の王』ができたのもまったく同じような事情であったし、また有名な『アルルの女』もそうであった。

このように動機はほとんどインスピレーションの母である。そして動機が明瞭《めいりょう》でないと内容もきまらない。文章の中心思想は短文にまとめるとよい。その短文もできるだけ単純なほうがいい。というのはこの短文が、やがて綴《つづ》られるはずの文群（＝文章）の、一つ一つの文の染色体となるだろうからである。自然科学のほうに「単純さの原理」(Principle of simplicity)という考え方がある。「二つの仮説が抗争している場合、より単純な仮説のほうが真理に近い」という原理である。この原理は、少くとも大衆娯楽の作り手たちには大いに役に立つと思われる。たとえばスピルバーグの映画はなぜあのように大当りするのか。「赤いプリムス・バリアントが、タンク・ローリーを何気なく抜きかえす。抜きつ抜かれつしているうちに、タンク・ローリーが生あるものの如《ごと》くこちら（赤いプリムス）へ攻撃をしかけてきているらしいことがわかる。そして対決……！」（激突！）、「のんびりした海水浴場の日常へ人喰《ひとく》いザメが侵入し、そして対決……！」（ジョーズ）、「異星人の信号を素直に信じた少数の、子どもの心を持った者たちがＵＦＯと邂逅《かいこう》する。そして主人公はマザー・シップに乗りこんで行く」（未知との遭遇）、「宇宙船に乗りおくれたＥ.Ｔ.の老植物学者が子どもたちにかくまわれ、いろいろあった末、ふたたび宇宙船に乗って故郷への帰途につく」（E.T.）。

すべて一口で言えるほど単純である。これにひきかえ筆者は、このことを忘れたために『パズル』と題する戯曲を書き損ねた。脱稿はしたもののひどい出来栄えだった。「ここに双生児の姉妹がいて、姉は作詞家で、妹は大スターであった。この妹の方が流行作家と結婚したが、間もなく怪火によって豪邸が全焼。この火事で姉の作詞家は焼死した。そして妹はショックで記憶喪失……。エート、ところが妹がある日、突然、記憶を取り戻《もど》し、自分が妹ではなく、姉であったことに気づく。つまり焼死したのは妹の大スターであったのだ。いやいや、劇はここでおしまいになるのじゃなく、ここから始まる……」と、これを書いた筆者自身にも要約がむずかしい。書きたいことをぎりぎりまでしぼりあげて短文とし、それを劇の染色体にするという、いつもの作業を怠けた罰が当ったのである。

文章の中心思想を短文にまとめあげる過程で、資料や取材が必要な場合もあるが、総じてここは餅搗《もちつ》きの要領だ。思考をこねては資料や取材とまぜ合せ、またこねる。この繰り返しである。この期間は文章の長短によってさまざまで一口には云えない。筆者の場合は、原稿用紙一枚につき一時間といったところだ。五枚のエッセイなら短文をつくるのに五時間かかる。丸谷読本の「名文を読め」という教えが役に立つのも、このころである。そう、われわれは中心思想をこねあげながら第三の「どのように」へそろそろ足を踏み出しているのである。

こうして練りあげられ、鍛えあげられた短文、文章の中心思想こそ、文章の燃料にほかならないのであるが、では語り口はどうするのか。あんまりこだわらないほうがいい。若い世代では「おもしろいこと、新しいことなど、この世にそうたくさんあるわけがない。だから内容より語り口、素材より料理が大事……」という考え方に人気があるようだが、中心思想をじっくり練り上げれば、語り口の糸口はひとりでに見つかるのではないか。このとき「冒頭と結尾」の章で取りあげた時枝・市川による冒頭の分類表を眺《なが》めるのも一方法である。

形式と流儀

一

「文体」なる語は、あの教育ママさえ処女かと思われるほど、口やかましい。「文体」という語は全国のありとあらゆる原稿用紙を根城に潜んでいて、文章を書くためにペンを構える日本人をまず鋭く睨《にら》み返し、それから矢継早やに質問を浴びせかけてくるのである。

——これから書こうとする文章に、あなたはどんな文体を採用するつもりですか。

——ちゃんとした文体を持たない文章は、文章とはいえません。そんなものは文章以前です。

それを承知の上で、文を綴《つづ》るのでしょうね。

——天才はみな文体をもっています。あなたはどうでしょうか。

続けざまに問われるうちに、書き手はすこし不安になり、せっかく執《と》ったペンを、またペン皿《ざら》に戻《もど》してしまう。そして「文体とはなんぞや」とあれこれ思案をはじめるのだが、書き手側のこの努力は十中八九まで徒労に終るものと相場がきまっている。これほど中味の曖昧《あいまい》な語はそうざらにはないからだ。正確な語釈が与えられたことがないので、うなぎを摑《つか》み、それを竹刀《しない》がわりに撃剣の稽古《けいこ》をさせられているように心もとない思いをしなければならなくなるのである。まったくこの「文体」という語は、「戦争」や「平和」や「自由」などと肩を並べる現代の怪物語《かいぶつご》の代表格である。捉《とら》えどころがないという点では現代の妖怪《ようかい》の大親玉、その極め付けといってよかろう。

どうしてこんなわけの分からないことになってしまったのかといえば、それはたとえば百人の論客が百通りの論を唱えるからであるが、ここでは煩瑣《はんさ》を避けて、百論を思い切って紅白の二つに分類してみよう。第一の部類は「文体は犬の糞《ふん》」論である。文体なぞはそのへんにいくらでも転がっているよ、とする論だ。大正六年（一九一七）から翌七年にかけて爆発的な売れ行きを示した佐々《さっさ》政一の『修辞法講話』（明治書院）は、「文体の分類」という一章を掲げ、散文の文体には、記事文、叙事文、説明文、議論文、勧誘文の五種があると説いた。また大正四年に刊行された堺利彦《さかいとしひこ》の『文章速達法』（実業之世界社。講談社学術文庫に翻刻《ほんこく》版がある）は、当時行われていた文体を、漢文調、和文調、時文体《じぶん》（漢文調を平易にして、それに欧文脈を加え、やや言文一致体に接近させた折衷体）、言文一致体の四種に大別し、続いて次のように言っている。

かように文体のことをかれこれと説明はするものの、（略）そして深《ふか》く気にするほどのことではない。つまりはその場合と、その題目《だいもく》と、その気質《きしつ》とによって、自然に文体は定まるものである。またある場合には言文一致で書き、ある題目《だいもく》は時文調《じぶんちょう》で書くとしても、その人の根本《こんぽん》の思想感情の現れ方は同一であるから、外形の差異《さい》はあっても、なおその間に同一の文調《ぶんちょう》が生ずるはずである。それがその人の文章の特色である。／要するに、世間普通《せけんふつう》の文体とか、ある人々の特別な文体とかいうものは、ただ参考として見《み》ておけばよろしい。自分はただどこまでも自分一流の文体を作るべきである。

（講談社版による）

ついでに谷崎読本（昭和九年）をのぞいてみることにしよう。

……文体を分つのにも、調子を標準にして分つことも出来ますが、様式を標準にして、従来文章体、口語体、或《あるい》は和文体、和漢混交体、と云ふ風にも分けられる。さうして、「文体」と申しましたら、この様式上の分け方を意味するのが普通でありました。／そこで、此《こ》の分け方に従ひますと、今日一般に行はれてゐる文体は、唯《ただ》一種、即《すなは》ち口語体だけしかありません。明治の中葉頃《ごろ》までは口語体に文章体を加味した雅俗折衷体と云ふものが、小説の文章に応用されたことがありましたけれども、現在ではそれも亡《ほろ》びてしまつたのであります。／ですから、強《し》ひて分類するとなれば、此の口語体と云ふものを更に幾通りかに細別するのでありますが、仮りに私は、

一　講義体
二　兵語体
三　口上体
四　会話体

の四種類に分けてみたのであります。

念のために最近の例を一つ加えておく。遠藤嘉基《えんどうよしもと》は、「これからの文章」（明治書院刊『文章の技法』第五巻所収。昭和四十五年）のなかに「文体について」という一章を立てたが、その冒頭を次のように始めている。

（文体とは）原則としては、デス・マス体とダ・デアル体で、このうち、目前で直接に語りかける場合は、親しい友人どうしを除けば、普通デス・マス体か、と思います。だから、目前ではないけれども、書簡文ではやはり直接に語りかけるという意味で、デス・マス体を用いるわけでしょう。……

これらの論は、文体を特別なものとは考えない、という点で共通している。書き手が、たとえば、「事実をできるだけありのままに書くとしよう」ときめて、そのきめたことを一所懸命に行えば、記事文という文体が実現すると説いているのである。堺利彦の場合はもっとも楽観的で、題目と書き手の気質とがたがいに影響し合うとき、そこにひとりでに「文体」が現われてくると云う。文体なんてそんな御大層なものじゃない、文体なぞ気にするなと説く態度に筆者は好感を持つ。だが、他方には恐しいことを唱える論者もあって、たとえばソシュール言語理論のもっとも早い飜訳者であった小林英夫は文体について次のように云う。

文章はある一定の美的理想に適合した構造を内蔵するときに文体をもつ。

したがって、美的理想を始めからもたない科学的論文の文章や、事実の報道をつとめとする新聞記事文章や、各種の事務用文章などは、文体をもたないわけである。

また、たとえ、なんらかの美的理想をかかげておっても、それに適合した構造を示さない文章もまた、文体をもつとはいいかねる。

このことから帰結されることとは、文体論はすべての文章を対象にとるものではなく、文体をもつ文章、けっきょく天才の文章のみを対象にとる、ということである。

（「言語美学」。小林英夫著作集第五巻所収）

堺利彦たちのを「文体は犬の糞」論とするなら、こちらは「文体は宝石」論である。その、選民意識まる出しの、高飛車なものの言い方にはいささか閉口するが、しかし言い方を咎《とが》めるのは凡人の歯ぎしり、この論もまた正しく的を射ている。そのことはたとえば漱石《そうせき》と鷗外《おうがい》の二大文章王国をちょっと覗《のぞ》いてみるだけでもたやすく理解できるだろう。漱石鷗外の文章にはそれぞれ独得の気勢があって、その文章の一行一行にははっきりと署名がほどこされている。つまり途方もなく個体的である。だが、個体的、個性的な文章を築き上げるのは、困難な事業ではあっても決して不可能事ではない。ちゃんとした文筆家ならば、天分と努力によって必ず彼自身の文章をつくりあげている。むずかしいのはその先だ。数少い天才の文章だけが、やがて書き手を超える。かるがると個体を超えるのである。べつに云えば、あらゆる文体革命は、口語や俗語のもつ活《い》き活《い》きした表現をさらに磨《みが》きあげることを基本に据《す》えて行われるものときまっており、天才の文章は、したがって口語俗語から、人びとの言語生活から生命《いのち》を得ている。そこで天才の文章は、同時代と、それに続く時代の、人びとの内的生活を載《の》せることのできる普遍性を備えている。人びとがたがいに共楽共苦を語り合い、呼びかけ合うための、平易で明晰《めいせき》な、新しい文章。その創《つく》り手が天才であり、巨人なのだ。はやりの言葉でいうならば、天才や巨人が新発明した文体は、それまでの文章規範のゲシュタルト・チェンジである。人びとの内的経験を外へ切り出し押し出すための、新しい基本的枠組《パラダイム》の設定なのである。文体をこのように考えるとき、たしかにこの言葉は宝石より貴い。

すなわち、「文体」なる語を犬の糞と解しても、また宝石として奉《たてまつ》っても、どちらも間違いではないのであって、ここに混乱のもとがありそうである。この混乱を筆者の好みで名付ければ、「逆オッカムの剃刀《かみそり》的混乱」ということになる。ここに甲という事柄《ことがら》がある。その甲に、イ、ロ、ハ、ニ、ホという五通りの表現があると、それを聞く人がまごつき、考え方が混乱する。とにかく言葉が多いと考える能率がおちる。これを防ぐためにイギリス十四世紀のスコラ哲学者オッカムが、「人間は必要以上に言葉をつくり出している。そのせいで人間は言葉にひきずられ、ありもしないことを思案して、時間を空費している。人間はいつも必要以上の言葉＝心のヒゲを剃《そ》っておかなければならぬ」と考えた。つまり、言葉をふやすな、手持ちの言葉で説明できることはそれで間に合せろ、というのが「オッカムの剃刀」という格言の教えるところである。だが、文体論ではこれと逆のことが起っている。犬の糞も宝石もみな「文体」の一語で片付けようとするから、思考の能率が落ちるのである。言葉が足りないのだ。われわれは大いに奮発して心のヒゲを生やさなければならない。ではどんなヒゲを生やすとしようか。

筆者がこれまでに読んだ文体論のなかに感心したものが二篇あって、一つはイギリスの批評家、編集者のジョン・ミドルトン・マリ（一八八九〜一九五七）が書いた『小説と詩の文体』（両角克夫《もろずみかつお》訳）である。この人はキャサリン・マンスフィールドの御亭主だが、それはさておき、彼は文体を次の三つに分けている。

一　個人的特異性としての文体

二　表現技術としての文体

三　文学上の最上の成果としての（絶対的な意味における）文体

マリの説を要約すれば、㈠は「個性」であり、㈡は「文章を書く技術」である。小説家や詩人は、個性の発する観念をいっそう明確に表現するために技術を学ばなければならない。その結果、うまく行けば、読者にも書き手の個性が、内的経験が、そっくり伝わるという奇《き》蹟《せき》に似たことが起る。個人的特異性が読者を得たことで、個人的な特異性を超えたわけだ。このとき、その書き手は絶対的な意味での文体を獲得したのである。大雑把な要約ではあるが、マリの説はこのように文体発生の過程を説明している。

詩人で文学史家の原子《はらし》朗《ろう》（一九二四〜）は、「自分に適した文体の発見」という論文のなかで文体を次の四つに分類する。

一　一般的、常識的な意味での文体（読者の考える文体。書かれた文章から、その文章の「文体」を読みとったもの）

二　発想・表現の技法としての文体（作者の考える文体意識。作家の手段や方法。作者の意識的な文体）

三　芸術的価値としての文体（すぐれた作品のみが持ち得る絶対的な価値のある文体）

四　超個性的な様式としての文体

原のすぐれた論考を個条書きで片付けてしまわなければならないのは残念だが、紙幅に限りがあるので仕方がない。ただ㈣についてすこし補足しておくと、原は、文体をあまりに個性主義的に、また実証的に考えようとする近代主義的思考に衝撃を与えることを願って、この㈣を持ち出してきたようである。つまり「個性によって文体は生れるのではなく、作品なり文章が共同体の基盤の中から、共同体の声として生れてくるときのみ、文体は発生する。」というのだ。このような時代様式まで高められた文体は、いわば共同体の共感と云ってもよいから、それが一等、尊い文体である。この原の文体論を小説家として捉《とら》え直すと次のようになるだろうか。すなわち、小説は「読者」という名の「同時代に生きる仲間たち」に向って書かれるべきものである。仲間たちはそれぞれの内部に、なにかもやもやしたものを抱いて生活している。そのもやもやしたものにしかるべき名前をつけることができたら、どんなにすっきりするだろうと思いながら生きている。また仲間たちは、それぞれの内部に混沌《こんとん》とした物語のようなものをかかえている。つまり仲間たち＝読者たちは、内部にある名付けられない言葉、形をなしていない半物語をかかえて暮しているのだが、そのもやもやに名を与え、その半物語群に形を与えるのが作家の仕事である。当然、作家の使用する言葉も読者たちの言葉でなければならないが、これらの仕事に成功した作家は自然に「時代様式まで高められた文体」(=共同体の実感)を持つ。

そこで筆者はマリの説や原の論を横目で睨《にら》みながら、文体を次の四つに分けてみた。

一　文章形式
二　文章流儀
三　文章成果
四　文章様式

文体という語をとりあえず廃して、かわりに新しい言葉を四つふやしてみたわけだ。文章形式とは、デス・マス体、ダ・デアル体、記事文、叙事文、説明文、議論文、勧誘文、講義体、兵語体、口上体、会話体、書簡体、日記体など、文章上の外見を、その言語事実を一挙にこの㈠で腑分《ふわ》けしてしまうのである。ジャンルの文体、と云い換えてもよい。

文章流儀とは、㈠に書き手の個性が加味されたもの、というほどの意味だ。筆癖といっても間違いではない。島崎藤村は、寝小便を「毎晩よく眠って居るのを呼び起さねば成らない習慣」と書いたり、遊女を「煙草《たばこ》を勧める女」と云い換えたり、あるいはひやかし客を「滑《こっ》稽《けい》と洒落《しゃれ》とを装ふやうな人たち」と云ったりしているが、こういう語に対するそれぞれの書き手の感覚なども、この文章流儀に含める。

文章成果とは熟さぬ言い方だが、これはマリの説の「文学上の最上の成果としての文体」にほぼ該当しよう。㈡がうまく行ったときに、この㈢が実現する。すなわち㈡と㈢は個人の文体である。

文章様式とは、前に述べた天才や巨人の文章のことだと思っていただきたい。その文章をモデルにすれば、その時代の人びとの内的経験がなんとか表現できるのではないか。その文章を手本にすれば、自分たちはたがいに呼びかけ合うことができるかもしれない。そう思わせる文章が、この㈣である。共同体の様式として採用されるであろう平易で明晰な、そして新しい文章が、くどいようだが、この㈣なのである。時代の文体とお考えいただいてもよい。

あるいは読者は、「きみは一体、なにを云おうとしているのだね」と問うかもしれない。「妙な仕分けをして、へんな言葉を四つもでっちあげて、きみはなにがおもしろいのかね。そんな役に立たぬヒゲはすぐにでも削ってしまえ」と。筆者は、自分自身のためにも、「文体」なる語の重圧をはねのけたいと思ったのだ。われわれは一人のこらず自分自身の内的生活というものを持っている。だれもが「心の生活」を営んでいる。だが、内的経験というやつは、頭の中では常に「なんだかぼんやりしたもの」の域にとどまっている。その「なんだかぼんやりしたもの」をはっきりさせるためには、それに対してある形を与えなければならない。たとえば言語という社会的形成物を用いて、自分の「個人的体験」を社会化しなければならない。そうやってはじめて、われわれは「なんだかぼんやりしたもの」の正体を突き止めることができるのである。頭の中に、もやもやとしたある形がある。それを「五十角形から六十角形までの間の形」と言語によって社会化した途端、そのもやもやは、すこしははっきりした形をとりはじめる。そうやってわれわれは自分の心の生活を点検して行くわけだ。だが、この作業をもっと正確にとねがって、文章指南書を買うと、

——文体のない文章は、文章といえない。

——自分の文体を確立なさい。

と恐しいことが書いてある。これではあんまりひどすぎる。電報打電者に頼信紙が与えられるように、納税者に納税用紙があるように、われわれにも内的経験その他を流し込む枠《わく》のようなものはないだろうか。いや、枠のことを考える前に、なにより邪魔な「文体」なる語を北極あたりへ流刑《るけい》にしてしまえ、と思い立ったのだった。こうしてわれわれが本当に学び得るのは、ひょっとしたら、㈠の文章形式しかないのではないか、とおぼろげながら見当がついたのである。

二

「文体」という言葉が目先にちらついている間はどうも碌《ろく》な文章は書けないのではないか。「文体」をあまり信用すまい。いっそ文体という言葉を廃してしまうことにしよう。——これがここまでにたどりついた小結論である。そして文体のかわりに筆者は四つの、新しい仕

切りを持ち出した。

一　文章形式（文章の外見上の特徴）

二　文章流儀（書き手の個性のあらわれ）

三　文章成果（㈡がうまく行くと、この㈢が実現する。文学上の最上の成果としての文体）

四　文章様式（その文章を手本にすれば、その時代の人びとがそれぞれ自分の内的経験を表現できるかもしれない、とそう思い込むような、その言語共同体の手本になるような文体）

右の仕分けが、当を得たものであるかどうかはたいした問題ではない。ただ筆者は文体というわけのわからない言葉から、㈠と㈡とを分離独立させたかっただけである。㈠と㈡ならば学習可能だが、㈢と㈣については文章読本が扱うべきことだとは思えないし、だいたいその資格もない。そこでこんな珍妙な区分けを試みたわけだ。

ではこの珍妙な区分けの利点はなにか。利点はひとつだけある。簡単にお手本がみつかる。まず書き手は、自分がこれから書こうとしているのはどんな体裁の文章かを、自問自答する。Aという新聞に投書しようと思うのであればその新聞の投書欄をよく読む。法律文なら六法全書とよくつきあってみる。手紙を書きたければ、手引き書は書店の棚《たな》にあふれている。身辺雑記や随想のたぐいを目論《もくろ》むものはその種のものを熟読する。どんなときでも「文章の中心思想」（「文章の燃料」参照）を練りあげておくことが大切で、これさえ怠らなければ鋳型は意外にたやすく見つかるだろう。鋳型がみつかったら抵抗は無用、おとなしくそのお手本によりかかる方が無難である。

そういえば国民学校の時分から妙に気にかかっている言い方（文）がある。算数の授業で教師が、たとえば、

「23÷4 は、『二十三を四で割る』と読むのですよ」

と教えてくれたが、この「四で割る」が気になって仕方がない。子ども心にも（なんだかぼんやりした言い方をするものだなあ）と感じた。学年があがるにつれて、「23÷4」には答が二通り（「＝5 余り 3」と「＝5.75」）あることを知った。そうなるといっそう気にかかる。（……で割る、と読むのはいいが、算数の教科書は、そして先生は、二通りの答のうちの、どっちの答を出せといっているのだろうか）。つまり答が二通りあるなら、読み方にも二通りあってしかるべきだ、という疑問を抱いた。余りを出せという読み方と、どこまでも割ってみろという読み方と、きちんと区別してもらいたいと思ったのである。ではどう読み分けたらいいのかとなると、これがよくわからない。べつに命にかかわることではないのでわからないままで放っておいたが、このあいだ『数学と日本語』（共立出版）という本を読んでいたら、胸のすくような解決策に出っくわした。小野勝次（名古屋大学名誉教授）という数学者が、「……で割る、という読み方は数学特有で、日常用語には馴染《なじ》まない」と書かれていた

のである。小野説によれば、どこまでも割ってみろという場合は、

「二十三を、四を単位として測る」

と読み、余りを出せというときは、

「二十三個を四個ずつに分ける」

と読むほうがいい、ということだった。これならより正確で、かつ分りやすい。しかしよりすぐれた読み方であると百回も二百回もうなずいた上でいうのだが、割算の問題文をつくるよう命じられたらやはり、「二十三を四で割るといくらになりますか」と書くほかはないし、そのほうが無難だろう。「……で割る」でどうやらこうやら片付いているところへ突然、「……を単位として測る」を持ち出したりすると、世の中が面喰《めんく》らう。言語は世間の約束事だから、この種の妥協もいたしかたない。そして世間の約束事だからこそ、お手本にたよることが役に立つことにもなるのである。

なにを書くかがよく見えていて（＝文章の中心思想がよく練りあげられていて）、同時にお手本習得の努力があればなんとか急場をしのぐことができるが、このお手本習得には思わぬ副産物があって、筆者の場合は次のような事実に気づいた。文章技術に限っていえば、もっとも容易に書けるのは算数（数学ではない）の問題文である。なぜ容易に書けるのかといえば、たとえば比喩《ひゆ》が不用だからである。隣組の回覧板の文章や法律文などもお手本があれば、どうにか書けそうだ。比喩を考える必要がないからである。商業文にしても同じだ。新

聞記事や社説などはどうか。これはすこしむずかしい。記事文や社説には、ＸはＹのようだ、ＹそっくりのＸ、Ｙに似たＸ、ＹめいたＸ、ＹよりもＹらしいＸ、Ｙ顔まけのＸ、Ｙに負けないほどのＸ、ＹにもまぎらうＸ、ＹもおどろくＸ……といった直喩はほとんど用いられることはないが、隠喩が大いに使われており、そこがすこしばかりむずかしいのである。ためしに本年（昭和五十八年）二月分の朝日新聞から隠喩を拾ってみると、ヤミ手当、魔女（女子バレーボール選手）、北（朝鮮民主主義人民共和国）、植物人間、「増税なき財政再建はカンヌキだ。これを外したら行革の仕事はできない」（中曾根首相）、リカちゃんパワー（理科系大学出身の女性がソフトウエア関係で歓迎されている）、ルンルンおばあちゃん（お金と健康にめぐまれ、お稽《けい》古事《こごと》、美容院通い、旅行などに忙しく跳ねまわっているばあさんたち）、お砂場倒産（子どもの数がぐんと減ったせいで閉鎖に追い込まれる幼稚園が多くなってきている）、細うで、緑、学者国会（日本学術会議）、不沈空母など、一晩かかっても写し切れないぐらいたくさんある。ごくごく最近の例では「勝手連」というのが隠喩になりかかっているが、これらの隠喩によく通じ、自分でも一つ二つ気のきいた隠喩をひねり出す才覚があれば、たいていの人間が新米記者ぐらいはつとまりそうだ。

のこるは随筆、小説や戯曲、そして詩といったところだが、この順序にしたがってむずかしくなるのではないかと思われる。使われる比喩の量と文章を書くことのむずかしさとが正比例するからである。つまりその文章が世の中の中心から外れれば外れるほど、個体的、個人的なものになればなるほど、比喩の量がふえて行き、その分だけ文章を書くことが骨になるのである。これまでにも何回となく触れたことだけれど、個人的な文章の主務は、それぞれの心の生活のなかにある「なんだかぼんやりしたもの」、そして「ぼんやりしてはいるが自分にとってはのっぴきならないほど重大なこと」に形を与えるというところにある。その内的経験は個人的なものであるだけに世の中の中心からは遥《はる》かに遠い。その距離を瞬時のうちに埋めるのが比喩である。比喩の力をいやに買い被《かぶ》っているようだが、比喩がそれだけの力持ちだと信じているのだから仕方がない。これまで述べてきたことを別の角度から考えてみると、次のようになるだろう。抽象度が高いほど、各個人の差はなくなるのだ。1＋1＝2は抽象度がきわめて高い。算数の問題文も同じこと。抽象度が高いものほど、だれもが個人差なく理解できるのである。だから「理解させる努力」である比喩もなくてすむ。だが、この抽象性に次第に個人性が加わってくると、伝達がむずかしくなってくる。そこで比喩もふえてくる。書くのがむずかしくなってくる。

話がすこし重苦しくなってきたので、ここで気分転換に明治二十一年の時事新報の論説を二篇読むことにしよう。ただし二篇とも分量が多いので、さわりの部分を少々。執筆者はことわるまでもなく福沢諭吉である。

（文部省は「学問上に特に功績ある人を推して大博士なるもの」を撰定するそうだが、

どうせ政府役人のすることとだから、その大博士を政治家の下風に立たしめようとするにちがいない、と前置きして）……左れば近日撰定す可《べ》き大博士が、果して日本国の大博士ならば、其《その》身分栄誉は之《これ》を大臣に比して固《もと》より軽重なかる可しと予想すれども、閣議を経るとの約束もあれば、或《あるい》は政府の都合次第にて大博士も亦唯《またただ》何々省の附属にして、暗に何々大臣の配下など云ふが如《ごと》き、其絶無を期す可《べか》らず。即ち学問社会の博士が政治社会の装飾品に利用せらるゝの姿にして、若《も》しも然《しか》る場合に於《おい》ては我輩は、天下の学者をして其撰に当ることなく断じて退《しりぞき》て私に学問社会の栄誉の為《た》めに自重せしめんことを祈る者なり。如何《いかん》となれば我輩は、学者その人の為めに栄誉を争ふには非《あら》ざれども、日本国の学問の為めに重きを持する者なればなり。一国社会に於て学問を重んずると否ざるとは、外に対して自国の栄辱に関すること少なからざるが故《ゆゑ》に、之を愛国心に訴へても学問の地位を維持せざる可らざればなり。人或は謂《い》へらく、学者は俗塵《ぞくぢん》外の人なり、塵外の人にして身分栄誉などの事を喋々《てふてふ》するは、自から其身を俗了するに近しなど云ふ者もあらんなれども、試に今日の日本を見れば、官尊民卑の気風、社会に充満して、国中到る処《ところ》として俗塵ならざるはなし。故に大博士たる者は固より爵禄《しやくろく》を以《もつ》て俗塵を圧倒せんとするには非ざれども、其爵禄に拘《かか》はらず、俗塵の為めに圧倒せらるゝが如きは毫《がう》も許す可らず。一身の私の為めに非ず、学問の独立を成さしめんが為めなり。学問を重んずるの実を明にして、国の名声を張らんが為なればなり。

（「博士会議」五月十七日）

（鋳掛屋《いかけや》の久平《きゆうへい》という者がめでたくなって冥土《めいど》へ行くと、以前の遊び仲間の吉蔵が閻魔《えんま》様の御白洲《おしらす》で帳面をつけていた。吉蔵は久平に地獄極楽の見物をさせてくれる）……と、夫《そ》れから吉蔵が案内をしまして、極楽の内《うち》の様子をソット隙見《すきみ》をしまする と、広い庭園《には》も道路《みち》も一面に瑠璃《るり》の敷石を瑪瑙《めなう》の砂利と金泥のコンクレート（捏砂利《ねりじやり》）で固め上げまして、鏡のやうにてら〳〵してゐますから、足元のわるひ老人などは滑ッて歩るけないと云ふ、其《その》真中の蓮《はちす》の池には八功徳水《はつくどくすゐ》と申しまして、娑婆《しやば》の唐物屋《たうぶつや》で一瓶《びん》二円から二円五十銭もしまする香水のやうな水が、何千万石とも知れず、なみ〳〵と、たゝへまして、八万四千の光明は電気燈も宜《よろ》しくと云ふほどに照り燿《かがや》き、空に孔雀《くじやく》、鳳凰《ほうわう》、伽陵頻伽《かりようびんが》なんぞ、奇麗《きれい》な鳥が翔《かけ》り舞へば、宝林宝樹《はうりんはうじゆ》は珊瑚珠《さんごじゆ》の鈴なり、ダイヤモンドの花盛り、金側の時計などは深川辺の馬鹿貝の殻《から》のやうに芥溜《はきだめ》に積み上げ、外囲《そとがこひ》の板塀《いたべい》は総蒔絵《まきゑ》で、目も及びませんほど広い境内の何処《どこ》からともなく、折ふし風のまに〳〵笙《しやう》の笛、火焔《くわえん》太鼓の音がピイードドンと、静まり返ッた処は何とも云はれぬ結構でスが、扨《さ》て池の中の混雑は打ッて替ッて大変な次第柄で御座ります。蓮の葉の広さは凡《およ》そ九尺二間もあらうと申す其葉の上に、夫婦子供に祖父祖母《おぢいさんおばあさん》八、九人づゝも住居、丁度娑婆の長屋《ながや》立《だち》に葉が並《なら》びまして、大家さんには正直清兵衛が地主の阿弥陀《あみだ》如来《にょらい》から指図を受続《うけつ》ぎ、堅く差配は致しますけれども、何分にも広き浄土の事にて、総体の蓮長屋に目が届き兼まして……

（「鋳掛久平地獄極楽廻り」六月十七日）

このあとは地獄めぐり。地獄には大泥棒《おおどろぼう》に小泥棒、板の間稼《かせ》ぎのイカサマ泥棒はもとより、古今の武将、名相、学者、紳士、豪商、そして名僧などがずらりと顔を並べ、地獄の邏卒《らそつ》どもをお得意の舌先三寸で言いくるめて結構な毎日を送っている。当時は博士制、華族制、勲章制といった新しい身分制度が着々と整備されつつあったころ、おえら方たちはずいぶん苦い顔でこの時事新報を読んだにちがいない。文章に目を向けると前のいかにも論説論説したものにくらべ、後のものにはたくさんの比喩が使われていることがよくわかる。まともに貴紳を批判しては筆禍を招くかもしれない。そこで噺《はな》し家の口調をお手本にしたのだろうか。落語の文体を採用して話をあの世へ持って行ってしまう。世の中の中心から思い切り遠ざかってみた。そして心の中にある怒りを言語で表現した。その怒りをどうかして読者の心へ伝えたい。そのためには比喩を多用するしかない。そんな事情があったのではないか。ちなみにこの「鋳掛久平地獄極楽廻り」は、慶應《けいおう》義塾の演説館で三遊亭圓朝《えんちょう》によって口演されたという。圓朝は山県有朋《やまがたありとも》や井上馨《かおる》などの北海道視察旅行団に随員《たいこもち》の資格でお供をしたりして（明治十九年）、なかなか隅《すみ》に置けない出世主義者。出世主義者が出世主義をからかった演目《だしもの》を口演したわけだから、さぞやおもしろい観《み》ものだったろうと思われる。

また、極楽の描写に比喩を連ねているところが意味深い。極楽を見た人はだれもいない。

たとえば鹿鳴館《ろくめいかん》でおこったことを記すのであれば、読者の心の中にもそれぞれの鹿鳴館があるのだから、「その夜、鹿鳴館では……」と書きつけるだけでも後へ話がつながる。しかしいまのところ極楽を見ているのは諭吉ひとりである。そこで諭吉は、読者に親しい瑠璃や瑪瑙や高級香水や電気燈や金側の時計を使う。それらの文明開化の象徴のような品々で「いま自分の心の中にある極楽はこうだ」と説明する。極楽という観念を具体物にすりかえて読者に与えたわけだが、読者の方は諭吉とは逆の操作を行い、具体物の刺激によって観念を豊かにしながら、諭吉の極楽へたどりつく。このように書き手の頭の中にしか存在しないものを読み手に伝えるには比喩の力にすがるしかないのだ。新約聖書のイエズス・キリストは比喩の大親玉で、朝から晩まで比喩ばかり用いて神の国のことを語っている。彼は観念を観念的に語ったのでは自分の言説など屁《へ》の支えにもならないことをよく知っていた。だから神の国という観念を具体的な、だれでも知っていることがらにすりかえたのである。世評の高いハーバート・リードの『散文論』は、比喩の力を不当に軽視しているところがあるので気に入らない書物の一冊だが、それでも「科学開拓者の言語は照明的隠喩がゆたかである」と前置きしてサー・ウィリアム・ブラッグ（物理学者。息子のローレンスとともに〈ブラッグの条件〉を導き、一九一五年度のノーベル物理学賞受賞）のある文章を引用している。ブラッグの文章の中に注目すべき一節があるので孫引きを許していただく。

二個の原子が大速力で互に接近するとき、それらが結合する一方、速力が弱ければ二個の玉突の玉のように互にはじきあう事情はすでにみてきた。われわれはさらに進んで、接近の速度が非常にのろいときどうしてそれらが実際にくっつきあうかをみなければならない。揺れがかなりあるときには、錠をおろさなくてもあっちこっちゆれる例の閘戸《ゆれど》をみんな知っているが、揺れが弱まってしまうと鏁が急にかかり、門はしまり、ちょっとガラガラいってから動きはすっかりやむものである。……二個の原子が会うとそのエレクトロン殻の反撥《はんぱつ》作用は普通それらを跳ねかえさすが、しかし運動が小さくて原子がお互に隣接してから長時間経《た》てば、両原子の内部配列に何かが起る時間の余裕が生ずるわけで、ちょうど閂門《かんぬきもん》がその窩《あな》に落ちこむように原子は停止する……　（田中幸穂訳）

原子の運動という観念を「みんなの知っている」閘戸《ゆれど》の運動にすりかえる。それによってはじめて、自分の内側にあったものがより具体的になり、はっきりとする。この、比喩のもつ力をブラッグ教授は充分に勘定に入れていた。

もう一歩突っ込んだことをいえば、筆者には机上の国語辞典がすべて比喩辞典に見えて仕方がないが、そう見えるのは比喩重大視症といったビョーキにかかっているからだろうか。国語辞典の語釈は見出し語の云い換え、つまりすりかえである。むかし粗悪な国語辞典があって、そこには「おんな」を引くと、「男の反対」という語釈が載っていたが、両者の関係はそのままで比喩をなしている。もっとも陳腐な比喩ではあるけれど。

さらに乱暴なことをいえば、比喩とはついに言語そのもののことである。われわれの心の生活のなかにある「なんだかぼんやりしたもの。だが自分にとってはのっぴきならないぐらい重大なこと」を、言語で完全に表現することは、どんな大天才にもできやしない。内的体験を言語というものにすりかえて、いわば転換させて表現するしかないのである。心のなかの「なんだかぼんやりしたもの」と、その言語的表現とは、厳密に重なり合うことは決してない。つねにいかほどかはずれている。頭の中の痛みを「痛い」と表現し、それでは足りず「割れるように痛む」といい、さらに「錐《きり》の尖《さき》をもみこまれるようだ」という。だがどこまで行っても、この言語表現は頭の中の痛みそのものだということにはならない。われわれにできるのは、痛みという内的体験を言語によってどこまで正確にたとえることができるか、ただそれだけである。

以上のことを踏まえて筆をもってこそはじめて、われわれは(二)の文章流儀を実現できるのではないかと思う。そしてそのときわれわれは(三)の文章成果まではもう半歩の位置にいる。

読むことと書くこと

昭和五十八年の正月、筆者は衰運のどん底にあった。たとえば知らないうちにウイルス性肝炎（A型）にかかっていた。が、その肝炎の症状を風邪《かぜ》の症状と勘ちがいしたまま芝居を書きつづけ、結局は箸《はし》にも棒にもかからない駄作《ださく》を出来《でか》してしまった。そんな駄作に俳優や観客をつきあわせるのはほとんど犯罪にひとしい。そこで戯曲を破棄処分にした。損害賠償のために現金で二千万円支払ったのは当然のむくいだからそれは云わないとしても（と云いながらちゃんと云っているところはわれながらシッカリしているが）、そのあとはしばらく病院通い……。そこで『易経』を抱えて通院したり入院したりしながら、自分のための八卦《はっけ》見《み》を志したのだが、つまるところ印象に残ったのは、易経の総論といわれる「繫辞伝《けいじでん》」の中の次の文章である。

書《しょ》は言《げん》を尽《つ》くさず、言は意《い》を尽くさず。

鈴木由次郎博士によれば、書は文字のこと、言は言語のこと、そして意は心に思うところ、思想や感情のことだそうで、そこで通釈文は次のようなことになる。
「文字はいくら詳しくこれを書いてもことばで述べることを余す所なく書き尽すことは不可能である。言語はいくら詳しくこれを述べても心の中に思っているところを遺憾なく述べ尽すことはとうていできない」

これはかなり強烈な言語無力説である。東洋の言語観には禅宗の「不立文字《ふりゅうもんじ》」をはじめとしてこの言語無力説を底に敷いているものが多いようだ。もちろんこれとは逆の立場の言語言霊《ことたま》説も強力であって、筆者自身も腹が立つと、つい「畜生！」とか「くたばれ！」とか叫んでしまう程度には言語言霊説を実行している。だが改まって、「ことばは万能か」と自分に問えば、即答はできない。いや即答どころか一生考えつめても答は出そうにない。つまりその程度は言語無力説を信じているフシがある。もっときびしく云えば、定見がない。定見がないままに、言語無力説にちょっと重心をかけている。これが正直なところである。ちかごろは西洋の学者や思想家も、東洋のこの言語無力説を容《い》れて、たとえば「ことばに先立って存在する沈黙」に注目する傾向がみられる。「沈黙の思考」（D・ケーラー）「沈黙のことば」（E・T・ホール）「暗黙知の次元」（M・ポランニー）「ことばなき概念」（人類学）……、いずれも「はじめにことばありき」という西洋の言語神授説からの脱出の試みといっていい。そこでこちらとしては「西洋の知がいよいよ行き詰って、関心がわが東洋に向いてきたか」と気をよくし、言語無力説により重心をかけようとしてしまいがちだが、これはいけない。

文章を綴《つづ》って口に糊《のり》をしているのだから、それでは文章様に申し訳がない。かといって言語言霊説の信者になるのもいやである。そこで持ち出したのが、ことばは時間に対抗するための人間にとって唯一《ゆいいつ》の武器だという説である。この説についてはすでに第一章で述べたので、くどくは繰り返えさないが、筆者はまず、この宇宙での最大の王は「時間」である、と考えた。この王の治世下においては、永遠でありたいと願うことは許されない。だが、人間としては、永遠ということばを発明してしまった以上、やはり永遠でありたいと願わざるを得ない。人間はやがてことばが、いささかではあるが時間を超えることに気づいた。こうして、わたしたちは読書行為に「過去とつながりたい」という願いをこめるようになった。そして書記行為に「できるだけ遠い未来へとつながりたい」という想いをこめた。この二つの行為によって、ヒトが言語を手にした瞬間にはじまり、そして過去から現在を経て未来へとつながってゆく途方もなく長い連鎖が見えてきた。しかも読書と書記という二つの行為によって、わたしたち一人一人がその長い連鎖のうちの一環になることができるのである。書かれたものを読むことで過去がよみがえり、よみがえった過去に足を踏まえて未来に向けて書く。このようにしてわたしたちは「時間」と対抗する。この立場から云えば、「書くことは読むことであり、読むことは書くことである」となる。

なにを寝呆《ねぼ》けたことをいっているのだ。ことばは絶えず変化しているのだから、そんな連鎖なぞ信じられるものか、と思わないでもないけれど、使用頻度《ひんど》の高い基礎語彙《ごい》ほど変化の速度は遅くなるというから、語彙だけでも連鎖のあとはたどることができるだろう、と楽観している。それに文法規則はより整理されてはゆくものの、その基本部分に変化は生じないのである。もっとも音韻は変るかもしれない。がしかし、ここでは書きことばを問題にしているのだから、音韻は勘定に入れていない。音韻の変化が書きことばに影響を与えることは当然予想されるが、そのためにこそ書きことばがあるのだ。書きことばによって基礎語彙と文法規則とを動きにくいものにし、長い連鎖を成り立たせるようにつとめるのが、言語共同体の一員としてのわたしたちのつとめだろう。いかにも古くさい伝統主義を唱えているようだが、これは仕方のないことなのである。

では、なぜ仕方がないのか。たとえば「ヤマ＝山」という語がある。幼稚園児でさえ知っているにちがいない、なんでもない単語であり、これをわたしたちはなんの感慨もなしに、「この分では山は雪だろう」「山へ行こうよ、娘さん」「国語の試験で山が当った」「宝くじで一山あてた」「やつはいまヤバイ山を踏んでいる」「この映画の山はいま一つだね、弱いよ」「山はさびれる一方だ」「きみの積んだ山にはろくなパイがないじゃないか」などと使っている。ところが日本語文を一行でもお書きになった方なら経験がおありのように、この簡単な、わずか三画の文字の前でアッと胸をつかれて立ち竦《すく》んでしまうときがある。この「山」という字をこれまで何人の人間が、いったいどんな思いをこめて書いたことか。そう思った途端に「山」の字は、電飾を仕込んであるかのようにぴかぴか光り出すのである。

ある人にとっては「あの山の向うにふるさとがある」という懐《なつか》しいものであったろう。ある人にとっては「この山を越えて恋人にあうのだ」という心おどるものであったろう。一人息子を遭難事故で失った両親にとってその山は憎い、口惜《くや》しい、切ないの塊であったかもしれない。とにかくこのことばにわが言語共同体の人びとが思いのたけをこめてきた。その「山」の字をいま自分も使おうとしている。そう思うとふるえがくる。

『日本国語大辞典』でも引こうものなら、ふるえはいっそうはげしくなる。「山」の項の用例を見ると、まず『古事記』の歌謡から、「命の　全《また》けむ人は　畳薦《たたみこも》　平群《へぐり》の夜麻《ヤマ》の熊白檮《くまかし》が葉を　髻華《うず》に挿《さ》せ　その子」というのが採《と》ってある。この語は途方もない年代物だぞ、よくもまあ千何百年もそのまま残っていてくれたものだ、その値打、正倉院の御物《ぎょぶつ》以上！……とたちまち感動してしまう。さらに用例を眺《なが》めてゆくと、この「山」という字を、額田王《ぬかたのおおきみ》が、『竹取物語』の作者が、紫式部が、清少納言が、式子《しきし》内親王が、西鶴が、京伝が、三馬《さんば》が、江戸の雑俳愛好者たちが、圓朝が、紅葉が、漱石《そうせき》が、鷗外《おうがい》が、鏡花が、藤村が、多喜二が、そして直哉《なおや》が使っていたことが分る。加えて人にはそれぞれ個人貯蔵の用例がある。筆者であればたとえば次のような手持ちの用例を想起することになる。まず、啄木《たくぼく》の、

かにかくに渋民《しぶたみ》村は恋《こひ》しかり
おもひでの山

おもひでの川

（『一握の砂』）

あるいは、賢治の、

海だべがど　おら　おもたれば
やつぱり光る山だたぢやい
ホウ
髪毛《かみけ》　風吹けば
鹿《しし》踊りだぢやい

（「高原」）

または、柳田國男の、

佐々木喜善君の報告に、今から三年ばかり前、陸中上閉伊《かみへい》郡附馬牛《つくもうし》村の山中で三十歳前後の一人の女が、殆《ほとん》と裸体に近い服装に樹の皮などを纏《まと》ひ附けて、うろついて居たのを村の男が見つけた。どこかの炭焼小屋からでも持つて来たものか此辺《このへん》でワッパビツと名づける山弁当の大きな曲げ物を携へ、其《その》中に色々の虫類を入れて居て、あるきながらむしや〳〵と食べて居たと謂《い》ふ。遠野の警察署へ連れて来たが、やはり平気で蛙《かへる》などを食つて居るので係員も閉口した。其内に女が朧気《おぼろげ》な記憶から、ふと汽車の事を口にし、それから段々に生れた家の模様、親たちの顔から名前を思ひ出し、遂《つひ》には村の名まで謂ふやうになつたが、聴いて見ると和賀郡小山田村の者で七年前に家出をして山に入つたといふことがわかつた。やはり産後であつて、不意に山に入つたといふのであつた。親を警察へ呼出して連れて行かせたが、一時は此町で非常な評判であつた。猶《なほ》同じ佐々木君の話の中に此附近の村の女の二十四五歳の者が、夫と共に山小屋に入つて居て、終日夫が遠くに出て働いて居る間、一人で小屋に居て発狂したことがあつた。後に落着いてから様子を尋ねて見ると、或時背の高い男が遣《や》つて来て、それから急に山奥へ行きたくなつて、堪へられなかつたと謂つたさうである。　（『山の人生』）

「山」という字の前にたたずんでいると、この字の向うから、右のような用例集——いわば言語共同体が発する笑い声や叫び声や泣き声——が聞えてきて、わたしたちは思わず立ち竦《すく》んでしまうのである。天、地、星、空、川、峯《みね》、谷、雲、霧、室、苔《こけ》、人、犬、月、日、花、鳥、草、筆、紙、恋、死ぬ、くう、好く……といったような基礎語彙はみな「山」の字と同じことであって、これらの語を記すたびに、わたしたちはこれらの語を用いて必死に生きていた人びとの声を聞く。そしてその声を聞きながらいま自分の思いをこめて同時代に向けて、未来に向けて書く。こうしてことばはわたしたちのところでよみがえり、未来を待つのである。読書と書記の行為を筆者はこのようにしか考えられないし、この態度が「古くさい」ものなら、古くさくて結構と居直るほかに手はない。

書記行為と読書行為を一緒くたに考えることは、文章を綴るときに大いに役に立つ。というのは、書き手は自分が書いた文章についての最初の読み手だからである。前にも述べたことがあるけれど、書くということは、書き手が自分の精神の内側で考え、感じ、体験したことを、おごそかに云えば精神の劇を、ことばを使って読み手に提示することである。読むということは、右の経過を逆にたどることだ。ことばの列によって提示されていることをさかのぼって、書き手の精神の劇に立ち合い、ついにはその劇をわがこととして体験することである。

では、いま書きあげたこの文章は、読み手を精神の劇のすぐそばまで連れてくることのできる迫力と明晰《めいせき》さとをそなえているだろうか。書き手は、文章を書き進めてゆく一方で読み手をかねて右のような点検を行わなければならない。筆者は何人かのすぐれた書き手を知っているが、一人の例外もなくいずれもすぐれた読み手である。はじめは、「天もときには二物を与えることがあるのだな」と思っていたが、近ごろでは、「それでこそ」と考えるようになった。よい読み手ほど、よい書き手になるのである。

たしかに外国には劇医者《ドラマ・ドクター》という肩書の学者がいる。彼は古今東西の戯曲によく通じていて、その知識をもとに新作脚本の病患を指摘し、治療法を教えてくれる。ブロードウエイあたりではかなり重宝されているらしい。中国には文医者なるものがいたという。乾隆《けんりゅう》四十四年（安永八年・一七七九）刊行の張宗橚著『正文典』という書物には、文章の病いとして、

軽《ケイ》　重みなし、貫禄不足
俗《ゾク》　趣味がよくない
疎《ソ》　荒っぽく、語の使用法がピント外れ
枯《コ》　魅力がない
尖《セン》　枝葉にこだわり、まとまりがない
晦《カイ》　文意不明
瑣《サ》　こまかくて、こせついている
猥《ワイ》　くどい
浮《フ》　うわすべり
泛《ボウ》　漠然《ばくぜん》としていて今様でない
略《リャク》　万事に雑で、意味不明
粗《ソ》　はずみがない
胖《バン》　内容がふたしか
砕《サイ》　話があちこち、意味が通らない
冗《ジョウ》　むだ多し

陋《ロウ》　てらっていて、いやしい
浅《セン》　含意にとぼしく、深味なし
渋《ジュウ》　勢いがない
穢《オ》　流露感がない
俚《リ》　下品
排《ハイ》　盛り沢山すぎて、ことばに輝きなし
緩《カン》　しまりがない
巍《ギ》　万事に大袈裟《おおげさ》
寛《カン》　だらだら、でれでれ
訐《カン》　強すぎる表現
短《タン》　文章の中心思想に深みがない
散《サン》　散漫
嫩《ドン》　生煮え、不消化

などが挙げられ、それぞれ対応療法が掲げられている。この張先生も文医者の一人だったのだろうが、筆者の経験から云うと、他人の指摘や治療法はあまり役に立たないようだ。それよりも自己の精神の領国を富ましめるのが根本的治療法である。言語共同体が生み出してきた言語作品をどこまでも深く読み、書き手の精神の劇を、自分のものとして体験して心の内側をよく耕やす。ここにすべてがかかっていると自省している。

この読本もついに最後のページを残すだけになってしまったが、正直に告白すると、筆者は最後まで「言語の目的はなにか」という根本的な問答をするのを引き延しながらあれこれ書き連らねてきた。もとよりこの問いにたいする答は、はっきりと見つけている。そう、伝達と表現である。伝達とは、算数の問題文や商業文や記事文などのように、おたがいの共通の常識に働きかけながら送信と受信を完成させることである。筆者は、伝達を旨《むね》とする文章を書く場合は、すでに出来上っている手本を充分に摂取した方がいいと考える。その文章の型式を学べば、誰《だれ》にでも伝達は可能である。未来においては、この伝達の仕事をワードプロセッサーがほとんど完璧《かんぺき》にやりこなすことになるだろう。

しかし言語を表現のために用いるとなると、これは未来永劫《えいごう》むずかしい。共通の常識によりかかっていては表現の質が粗悪になる。逆に、共通の常識を軽くみると一人よがりの送信に終始して、ほとんど読み手に受信してもらえないという悲喜劇も起り得る。そこで筆者は、比喩《ひゆ》という言語独得の表現手段を中心に、文章について考えてみたのだった。

ではなぜ、筆者は「言語の第一の目的は伝達と表現である」ことをここまで伏せてきたのだろうか。自問すると、これまた答はたやすく出る。伝達用の文章修業のために文章入門書が数多く用意されているし、実例にも事欠かない。しようとおもえばいくらでも勉強できるのである。いまさら読本など必要はないのだ。ところが表現のための文章修業は、個人個人が自分の趣味にしたがって、自力で積み重ねていくほかはない。つまり画一的な読本があるはずはないのである。伝達用の文章修業のためにさしせまって読本の必要はなく、表現用の文章修業のために読本などあるわけがないという次第で、「言語の目的はなにか」という根本的問答を行うと、その瞬間に、文章読本を綴る必要がなくなってしまう。それをおそれて筆者はこの根本的問答を避けてきたのだった。そのせいで、込み入った言い回しが多くなり、また結局のところは筆者自身のための文章読本になってしまい、読者にいらぬ負担をかけることになった。

そこでこの読本の唯一《ゆいいつ》の教訓はこうである。伝達ではなく、表現の文章を綴ろうとなさる方は、各自、自分用の文章読本を編まれるのがよろしい、と。そのためにはやはり、表現のために書かれた文章を数多く読まなければならないが。

解説

ロジャー・パルバース

今回『自家製 文章読本』を再読して、井上ひさしさんの勉強ぶりにあらためて驚嘆しながら、思い出したことがある。

今から三年前のことである。当時勤めていた英文毎日新聞に掲載するために井上さんの『我が友フロイス』を英訳したおり、作品の中に出てくる三百年以上も前のポルトガルの地名、人名、さらには船の名前などがわからずに、この際いい勉強になるだろうと井上さんにお願いして資料を送っていただくことにした。その週のうちにとどいた宅急便の包みは、だれか私にカラーテレビでもプレゼントしてくれたのだろうかと思うほどの大きさだった。中味は本である。大量の書き込みや付箋《ふせん》が施され、挟《はさ》み込みのメモで分厚くなったフロイスの全集、ポルトガル史の研究書等々、それが何十冊あったろうか。私はかねてから井上さんが勉強家であることを知っていたから誤解はしなかったが、これが外国の作家から送られて来たものだったとしたら「実際には読んでもいないのに勉強しているふりをして、気取ったやつだな」と感じただろう。すくなくとも英語圏の作家でこんなに勉強する人を私は知らない。

いや、日本人でもめずらしいのではないだろうか。後日芝居の初日にお会いしてうかがったところでは、それでも作品を書くにあたって用いた資料の一部にすぎなかったそうだ。パルバースでは理解できないだろうと、やさしいものだけを選んで送ってくれたらしい。最近の人は本を読まなくなったといわれるが、井上さんのような読書家がいるかぎり、本屋さんもコボさずにすむはずである。

ところで私はやはり英語がいちばんよくわかるので日本語の文章と英語圏の文章の比較をしてみたいと思う。

私は日本語がさほど豊かな体験をしている言葉だとは残念ながら思っていない。言葉にとっての「体験」とは熟さない言い方だが、英語について考えてみよう。英語はイギリスからアメリカ、オーストラリア、ニュージーランド——と、新しい開拓地、植民地へ渡り大きく変化した。そこには移り住んだ人々がまだ見たこともなかった空の色や知らなかった草花があった。そして新しい社会制度、新しい生活習慣、新しい人間関係が生まれた。当然それまでの言葉では言い表せないものが数多く出てくる。愛や憎しみの表現さえもである。新しい国では、新しい言葉、新しい表現、新しい諺《ことわざ》、新しいフレージング、シニシズム、パロディー、アイロニー、ユーモアができてくる。何よりその国で生まれた赤ちゃんの口から出てくる言葉の響きが違うのだ。それらは草の根からだんだん小説の文章にも流れて、いつか読者もオールド・カントリー（母国）の小説より新しい小説を好むようになり、新しい小説はオールド・カントリーの小説にも影響を与えるようになる。

アメリカで一八三〇年代頃《ごろ》まで書かれていた文章は、イギリスで書かれていた文章と同じような堅いものだった。たとえばジェイムズ・フェニモア・クーパーの小説を読むと、そこに登場するインディアンたちはまるでイギリス紳士のような言葉遣いをする。文章を書く際にインディアンたちがこのような喋《しゃべ》り方をするはずがないという感覚がなかったのである。だがそのような文章もポーやトゥエインの活躍するころには風と共に去りぬ、ということになった。アメリカの小説がイギリスの小説に影響を与えるのはもう少し後の話になる。

それに対して日本語はといえば、明治以来の西洋文化の急速な導入にともなって数々の新語は生まれたが、日本語そのものが海外を「放浪」して生まれ変わるといったことは、戦前の日本が多くの植民地を持っていた時代にもなかった。

文学以外のジャンルの芸術が文章に与える影響についてもちょっと考えておきたい。

アメリカの小説にとってジャズの影響は無視しては通れない。また一九三〇～四〇年代はハリウッドのひとつのピークであり、フィッツジェラルドやフォークナーなど当時の代表的な作家たちも多くのシナリオを書いた。五〇年代はヒッピーの先祖のようなビートニックが台頭し、そのなかからケロアック、ギンズバーグなど、歌う文章と読む文章の差をなくそうとするかのような「感じる文章」、耳から脳に伝わるとともに静脈から入って全身に伝わるような文章を書く人々が出てきた。そして六〇年代はイギリスにビートルズが出現し、言葉のリズム、使う言葉、人間が考えるアイデアにまで影響を与えたといった具合である。

植民地はともかくとして、こちらの「体験」も日本語の文章にはあまりないように見受けられる。なかには俳句と絵画の関係のような例外はあるが、歌謡曲や邦楽が日本語の文章にさほど影響を与えたとも思えないし、映画のシナリオを書くことは小説を書くことより明らかに低く評価され、その作家の代表作に数え上げられることはまずない。もし最近の日本語の文章に変化をもたらしたものがあるとすれば、それは漫画、ファッション、商業広告のコピーなどだろうけれども……。

大雑把《おおざっぱ》すぎるという批判をうけるのを承知で言ってしまうと、日本の社会がこの百年あるいは五十年といった単位で見ても非常に激しく動いていながら、日本語の文章の世界は非常に保守的であるように思う。その点フランス語の文章には日本語の文章と似たところがある。フランス語は世界でもっとも美しい言葉であるという考えが根底にあり、文章はこのように書かねばならないといった規範があるようだ。日本人で日本語に対して同様な考えかたをしている人も多いのではないだろうか。

日本語ブームだと言われる。みんなが井上さんのように深く考えていればブームもいいのだが、なかなかそうはいかない。最近ある日本人と話をして腹が立ったことがある。議論の出発点が全く無意味なのだ。

――日本語には「〇〇がないからちょっと買って来る」という言い方があるが英語にはな

い。「買って行く」と言う。やはり日本語はユニークだ。日本人の発想は外人とは違う。

そうでしょうか。地球上では二千以上もの言語が現在使われているのですよ。ナバホ語とかエスキモー語は調べたのですか。実際同じアジアのヒンディー語には「買って来る」という表現があるらしい。

――へえ、そうか。なるほどね。

なにが「なるほど」なのですか。では「買って来る」という表現をするのは仏教の影響ですか、それともアジア独特の発想ですか。それならヨーロッパやアフリカのどこかの言葉に「買って来る」という表現があったらどう考えればいいのですか。

日本語は世界に類をみないユニークな、もっともニュアンスに富んだ難しい言語である、と頭から決めつけてしまうと、誰《だれ》かの言葉を借りれば「知的水準」が落ちてしまうことになりかねないと思うのだがどうであろう。

前置きが長くて本書の内容に触れるスペースが少なくなってしまったが、この『自家製　文章読本』は読む人に浅薄な日本語ブームから目を覚まさせ、真剣に日本語の文章を考え直させる本である。一例をあげよう。

日本語の文章ではオノマトペを多用してはいけないという考え方に対して、井上さんはその効用を説いている。本書にも出てくるロマン・ヤコブソンの教えを受けた私にとっては、オノマトペ大いに使うべしという考え方は当然のことである。ヤコブソンの重視したのは言葉の持つ響きだったと私は解釈しているし、作家が言葉を選ぶとき、その意味でなく響きによって選んでいるケースは、その作家自身が意識しているよりもかなり多いのではないかと思っている。だがそのような考え方は日本語の文章の世界でははなはだ軽視されてきた。この章を読んだ方はきっと新鮮な感銘を受けたのではないだろうか。「オノマトペは子供っぽい。大人が使う言葉ではない」という思い込みからは豊かな日本語は生まれはしない。だからこそ井上さんはこの章を設けたのだろう。

日本語が英語のような豊かな体験を得ることは今後も望めないだろう。しかし日本語には万葉集以来の伝統がある。それはあるときにはなんとしても破壊しなければならない障碍《しょうがい》にもなるが、井上さんはやみくもに破壊しようとするのではなく、かといってべったり寄り掛かるのでもなく、その伝統を柔軟に捉《とら》え、かつ徹底的に掘り起こして、日本語の文章のエッセンスをつかみあげている。決して「文章はこのように書かねばならない」と決めつけてはいけない。本書のなかにはほかの文章読本には見られない多様なジャンルの例文が取り上げられていて、本書を面白くする要素のひとつにもなっているが、その価値は決して面白いというだけのことにはとどまらないのである。

（昭和六十二年三月、作家）

この作品は昭和五十九年四月新潮社より刊行された。

文字づかいについて

新潮文庫の日本文学の文字表記については、原文を尊重するという見地に立ち、次のように方針を定めた。

一、口語文の作品は、旧仮名づかいで書かれているものは新仮名づかいに改める。
二、文語文の作品は旧仮名づかいのままとする。
三、常用漢字表、人名用漢字別表に掲げられている漢字は、原則として新字体を使用する。
四、年少の読者をも考慮し、難読と思われる漢字や固有名詞・専門語等にはなるべく振仮名をつける。

井上ひさし著

ブンとフン

フン先生が書いた小説の主人公、神出鬼没の大泥棒ブンが小説から飛び出した。奔放な空想奇想が痛烈な諷刺と哄笑を生む処女長編。

井上ひさし著

表裏源内蛙合戦

才知と野心を時代の制約の中で徒らに空転させた平賀源内の生涯を描く表題作と「日本人のへそ」。言葉遊びを縦横に駆使した二喜劇。

井上ひさし著

偽原始人

大好きな容子先生が、教育ママに追いつめられて自殺をはかったと知るや、小学生三人組は遂に反乱を起した。果してその行く末は？

井上ひさし著

新釈遠野物語

遠野山中に住まう犬伏老人が語ってきかせた、腹の皮がよじれるほど奇天烈なホラ話……。名著『遠野物語』にいどむ、現代の怪異譚。

井上ひさし著

私家版日本語文法

一家に一冊話題は無限、あの退屈だった文法いまいずこ。日本語の豊かな魅力を爆笑と驚愕のうちに体得できる空前絶後の言葉の教室。

井上ひさし著

吉里吉里人（上・中・下）

日本SF大賞・読売文学賞受賞

東北の一寒村が突如日本から分離独立した。大国日本の問題を鋭く撃つおかしくも感動的な新国家を言葉の魅力を満載して描く大作。

自家製《じかせい》 文章読本《ぶんしようとくほん》

新潮文庫　い－14－19

昭和六十二年四月二十五日　発行
平成十三年二月二十日　十三刷

著者　井《いの》上《うえ》ひさし
発行者　佐藤隆信
発行所　株式会社　新潮社
郵便番号　一六二―八七一一
東京都新宿区矢来町七一
電話　編集部(〇三)三二六六―五四四〇
読者係(〇三)三二六六―五一一一

価格はカバーに表示してあります。

乱丁・落丁本は、ご面倒ですが小社読者係宛ご送付ください。送料小社負担にてお取替えいたします。

印刷・大日本印刷株式会社　製本・加藤製本株式会社

ISBN4-10-116819-9 C0181